Agnes Sassoon

Überlebt

Als Kind in deutschen Konzentrationslagern

Aus dem Englischen
von Heike Brandt

BELTZ
Taschenbuch

Titel der englischen Originalausgabe:
Agnes, How My Spirit Survived

Besuchen Sie uns im Internet:
www.beltz.de

Beltz Taschenbuch 173
2005 Beltz Verlag, Weinheim und Basel

1 2 3 4 5 10 09 08 07 06

Umschlaggestaltung: Federico Luci, Odenthal
Druck und Bindung: Druckhaus Beltz, Hemsbach
Printed in Germany

ISBN 3 407 22173 8

Beltz Taschenbuch 173

Über dieses Buch:
Agnes Sassoon, geboren als Agnes Lichtschein, ist eines der wenigen Kinder, die die Todeslager der Nazis überlebt haben, und die später darüber schreiben konnten. Elf Jahre ist sie alt und geht in Budapest zur Schule, als ihre Odyssee durch deutsche Konzentrationslager beginnt. In ihrem Buch erzählt sie die Geschichte eines Mädchens, das wie durch ein Wunder Dachau und Bergen-Belsen überlebt hat, und von ihrem Aufbruch in ein neues Leben. Zeitgeschichtliche und persönliche Fotos der Autorin sowie ein lange unveröffentlichtes Dokument über die Befreiung von Bergen-Belsen durch britische Truppen ergänzen ihren bewegenden Bericht.

»So beschloss ich, viele Jahre, nachdem ich aus dieser Hölle auf Erden befreit worden war, meine Geschichte zu erzählen. Ich möchte, dass die Menschen uns nicht als seelenlose Körper betrachten. Wir mögen wie lebendige Leichen ausgesehen haben, aber wir hatten immer noch Sinne, mit denen wir fühlten, und Gehirne, mit denen wir dachten. Dies ist die Geschichte einer Frau, die überlebt hat.«

Die Autorin:
Agnes Sassoon wurde 1933 im tschechischen Vylok (heute Ukraine) geboren. Bis 1939 lebte sie mit ihrer Familie in Bratislava (Pressburg) in der Tschechoslowakei, dann in Budapest. Im November 1944 wird sie nach Dachau deportiert und später nach Bergen-Belsen. Einige Monate nach Kriegsende kehrt sie zurück nach Budapest. Es folgen ein Jahr Schule in Prag und die Mitarbeit in einer zionistischen Untergrundorganisation, die die Einreise von Überlebenden nach Palästina organisiert. Seit 1957 lebt Agnes Sassoon mit ihrem Mann und ihren zwei Söhnen in London.

Inhalt

Vorwort

Es sind schon so viele Bücher – sowohl Tatsachenberichte als auch literarische Arbeiten – über die Gräuel der Nazis während des letzten Weltkrieges geschrieben worden, dass sich viele fragen werden, warum ich dieses Buch veröffentlicht haben wollte. Warum so viele Jahre nach dem Ende des Krieges?

Ich habe schon in den Konzentrationslagern angefangen zu schreiben, aber das war eine andere Art des Schreibens. Es war absolut unmöglich, sich unter der Kontrolle der deutschen Kommandos irgendetwas zu beschaffen oder es zu behalten. Die Papierfetzen und Bleistiftstummel, die ich gelegentlich fand, wurden schnell entdeckt und mir weggenommen, worauf die üblichen Maßregelungen und Prügel folgten, die zu einem Teil meines Lebens geworden waren. Deshalb musste ich in Bezug auf mein Schreibmaterial improvisieren; so wurde mein Gehirn zum Bleistift und mein Gedächtnis zum Papier, das ich beschrieb. Oder, um es etwas moderner auszudrücken, mein Gehirn diktierte meinem Gedächtnis Vorfälle und Begebenheiten wie auf ein Tonband, das je nach Bedarf wieder abgespielt werden konnte. Die Notwendigkeit dieses »geistigen Schreibens« ergab sich aus der unnatürlichen Umgebung, in der ich mich befand. Normalerweise, wenn einem die Arbeit oder das Leben überhaupt zu viel werden, kann man sich ausruhen, eine Pause oder Ferien machen oder einfach ein Buch lesen; sich mit allem Möglichen von den gegenwärtigen Problemen ablenken. Für uns in den Konzentrationslagern gab es keine Atempause, keine Zufluchts- oder Schutzmöglichkeit, um unserer entsetzlichen Umgebung zu entfliehen. Wir hatten keinerlei Intimsphäre, keinen Besitz, keine Ruhe vor den ständigen Zählappellen, Durchsuchungen und Schlägen. Ich konnte von all dem, was um mich herum geschah, nur »abschalten«, indem ich mich der Aufgabe des Schreibens widmete. Also diktierte ich meinem Gedächtnis. Jahre später, als ich nach Israel ging, halfen mir diese Erinnerungen, meinen Lebensunterhalt zu verdienen, denn ich fing an, meine Erfahrungen für Zeitungen und Zeitschriften aufzuschreiben. Aber warum dieses Buch?

Vor einiger Zeit gab es eine Sendung im Fernsehen, die einiges Aufsehen erregte. Sie hieß *Holocaust.* Danach bewegten mich zwei Dinge: zum einen die offensichtliche Unkenntnis der heutigen Jugend über die Ereignisse vor jetzt sechs Jahrzehnten und zum anderen die Reaktion meiner beiden Söhne, die damals sechzehn und zwanzig waren. Es wurden Bilder gezeigt, auf denen die Lagerinsassen wie wandelnde Skelette aussahen, Bilder von aufeinander geschichteten Körpern, die auf die Öfen warteten, Bilder von Gruben und Gräben, die mit Gerippen gefüllt waren. Nachdem meine Söhne diese Szenen gesehen hatten, äußerten sie Zweifel: »Mama, wir können nicht glauben, dass du so gelebt hast oder so ausgesehen hast.

Wenn das so gewesen wäre, dann wärst du heute nicht mehr am Leben.«

So beschloss ich also, so viele Jahre nachdem ich aus dieser Hölle auf Erden befreit worden war, meine Geschichte zu erzählen. Ich möchte, dass die Menschen uns nicht als seelenlose Körper betrachten. Wir mögen wie lebendige Leichen ausgesehen haben, aber wir hatten immer noch Sinne, mit denen wir fühlten, und Gehirne, mit denen wir dachten. Wenn wir uns einen inneren Panzer zulegten, dann wollten wir damit versuchen, unser Leiden zu mindern. Was für einen Sinn hatte es, sich an die Bequemlichkeiten und die Freuden der Vergangenheit, an das Essen und den Überfluss zu erinnern, wenn wir an Hunger, Seuchen und Folter starben? Einige Menschen können mehr aushalten als andere, haben einen stärkeren Willen und eine größere Entschlossenheit, zu überleben. Ein Drittel des jüdischen Volkes wurde ausgelöscht – über sechs Millionen Opfer. Im Ganzen hat Hitler bei seinem Versuch, ein »rassisch reines« Deutschland zu schaffen, ungefähr dreizehn Millionen Männer, Frauen und Kinder abgeschlachtet. Dies ist die Geschichte einer Frau, die überlebt hat.

Ich widme dieses Buch meinen beiden Söhnen und allen Söhnen und Töchtern dieser Welt, damit sie es lesen mögen und verstehen lernen, dass all dies geschehen ist, damit sie aus der Vergangenheit lernen und dafür sorgen, dass so etwas nie wieder geschehen wird.

Für die Ermutigung und die Hilfe bei der Recherche der historischen Hintergründe der ersten Kapitel möchte ich dem verstorbenen Dr. L. Veress danken, dem früheren ungarischen Diplomaten, Rundfunkjournalisten und Historiker. Er half mir, meinen Traum zu erfüllen, und ich werde sein Andenken stets in Ehren halten.

Agnes Sassoon

Agnes in Bratislava, fünf Jahre alt

Ich begegne Hitler

Ich war ungefähr fünfeinhalb Jahre alt, Tochter eines jüdischen Lehrers und lebte mit meinen Eltern in Bratislava (Pressburg), als in München die Todesglocken für die Tschechoslowakei läuteten. Ich besuchte einen deutschen Kindergarten, um die Sprache zu lernen, denn zu jener Zeit war es üblich, dass die Kinder der Mittelschichtsfamilien mehrere europäische Sprachen lernten, auch schon im Kindergarten. Eines Tages, im Spätherbst des Jahres 1938, wurde uns in der Schule mitgeteilt, dass wir uns auf die Ankunft einer wichtigen Persönlichkeit vorbereiten sollten. Dieser Mann würde uns am nächsten Tag besuchen, und uns wurde aufgetragen, ihn in deutscher Nationaltracht zu begrüßen. Es sollte für jeden ein ganz besonderer Tag werden. Für mich war er das sicherlich, denn meine deutschen Klassenkameraden hatten selbstverständlich alle eine deutsche Nationaltracht, ich aber besaß nichts dergleichen. Also veranstaltete ich zu Hause ein ziemliches Theater und bestand darauf, dass meine Mutter mir Bluse, Schürze und Dirndlrock nähte, weil ich sonst nicht an der wichtigen Veranstaltung teilnehmen und der besonderen Berühmtheit begegnen könnte. Adolf Hitler hatte gerade Petrzalka (Grünau) annektiert, einen Brückenkopf an der Donau, direkt gegenüber von Bratislava, und er kam, um seine neue Eroberung zu besuchen. Und genau dort überquerten auch wir die Brücke und stellten uns auf, um ihn an seinem ganz besonderen Tag zu begrüßen. Er fuhr, gefolgt von seinem Tross, aufrecht im Wagen stehend und mit grüßend erhobener Hand langsam vorbei. Vor den jüngsten Kindern hielt er an, beugte sich aus dem Wagen, und mit Hilfe seiner Offiziere hob er ein Kind hoch, das mit einem Strauß Blumen in der Hand in der Menge stand. Er hob das Kind hoch über das Auto, küsste es und setzte es wieder ab. Wäre ich näher am Wagen gewesen, hätte auch ich dieses Kind sein können. Dann wandte er sich an die Schulleitung: »Sind hier noch jüdische Kinder? Sie müssen sofort alle entfernt werden.« Ich hörte die Worte, aber zu jenem Zeitpunkt begriff ich ihre Bedeutung nicht. So geschah es also, dass ich aus Hitlers Mund meinen Marschbefehl erhielt. Am nächsten Tag durfte ich die deutsche Schule nicht mehr besuchen und wurde in eine jüdische überstellt – aber nur für kurze Zeit. Meine Eltern wurden bald gezwungen, die Slowakei zu verlassen, und wollten sich nach Budapest in Sicherheit bringen. Der erste Abschnitt unseres Lebens in Ungarn reichte dann von 1939 bis März 1944.

In Budapest duldete man uns. Mein Vater hatte seine Wertsachen verkaufen müssen, damit wir überleben konnten. Er besaß aber noch seine Diplome und bekam dadurch eine Teilzeitbeschäftigung als Mathematik- und Physiklehrer. Zunächst war unser Leben recht passabel, da die Position meines Vaters ihm ein gewisses Maß an Respekt verschaffte, aber später wurde er wegen seiner religiösen Bindungen entlassen. Durch einflussreiche Freunde bekam er dann einen Posten bei einem Institut, das Herkunft und Abstammung von Juden überprüfte, um festzustellen, ob sie gebürtige Ungarn waren. Durch diese Arbeit konnten Leben gerettet werden, denn je nachdem, welche Fakten herausgefunden und weitergeleitet wurden, konnten später Deportationen hinausgezögert werden. Die Stelle war nicht sehr gut bezahlt, aber trotzdem war der Lohn für meinen Vater groß. Er konnte helfen, unschuldige Leben zu retten. Durch alle möglichen anderen Arbeiten brachte er es fertig, für meinen Unterhalt und den meines älteren Bruders und meiner Mutter zu sorgen. Er arbeitete in der Untergrundbewegung und half, das Leben von Juden und Nichtjuden gleichermaßen zu retten, indem er Dokumente und Informationen des Instituts fälschte. Es war eine schwierige Zeit für meine Eltern, aber sie taten alles, was sie konnten, um meinen Bruder und mich glücklich zu machen und von allen Problemen fern zu halten. Während der Schulferien schickten sie uns zu unserer Großmutter, die einen Weinberg in einem der Grenzdörfer hatte. Hier waren die Lebensbedingungen besser. Wir halfen beim Weintraubentreten und freundeten uns mit den Dorfbewohnern an.

Sogar die Polizei war dort wesentlich liberaler, so dass das Leben während dieser Besuche sehr angenehm war. Wir aßen besser, wenn wir bei unserer Großmutter waren, und sie gab uns bei der Heimkehr Lebensmittel für unsere Eltern mit. Ich habe sehr glückliche Erinnerungen an diese Ferien. Später wur-

Agnes, sieben Jahre alt,
und ihre Großmutter in Ungarn

Agnes (re.), ungefähr neun Jahre alt, mit einer Freundin

den die Juden dieses Dorfes in Ghettos gepfercht, wo sie bis zu ihrer Deportation in die Lager ein elendes Leben führten. Nach unseren letzten Ferien dort sah ich weder unsere Großmutter noch unsere Tanten und Onkel aus dem Dorf wieder.

Ich besuchte eine jüdische Schule, als dieser unruhige Abschnitt unseres Lebens im März 1944 mit dem Einmarsch Hitlers in Ungarn ein drastisches Ende fand. Die Verfolgung der Juden setzte ein.

Wir wurden gezwungen, in ein Haus zu ziehen, das mit dem Judenstern gekennzeichnet war. Wir mussten gelbe Sterne tragen, damit wir erkannt werden konnten, und waren so für die (faschistischen) Pfeilkreuz-

Jäger eine leichte Beute. Wir wurden zahllosen Einschränkungen und ständiger Demütigung unterworfen und konnten zu jeder Zeit an jedem Ort angehalten und durchsucht werden. Adolf Eichmann, einer der Hauptorganisatoren des Holocaust, kam, um die Deportationen der Juden aus der Provinz persönlich zu überwachen; in Budapest hingegen wurde die Vollziehung aufgeschoben. Mein Vater riskierte sein Leben, indem er für untergetauchte Juden »arische Geleitbriefe« und französische Diplomatenpapiere für den Unterschlupf in »sicheren Häusern« fälschte oder besorgte. Er selber trug nie den gelben Stern. Wir lebten in ständiger Furcht, und wir Kinder lernten schnell, nicht zu schreien oder zu weinen, wenn sich Soldaten näherten. Wie furchtsame Mäuse huschten wir dann zu unseren Eltern, starr und stumm vor Angst.

Admiral Horthy, der Reichsverweser Ungarns, versuchte am 15. Oktober 1944 Frieden zu schließen, wurde aber von den Deutschen des Amtes enthoben und durch das Pfeilkreuzler-Regime ersetzt, das dann in Budapest das Kommando übernahm. Damit begann der dritte, entsetzlichste Abschnitt meines Lebens. Die bis dahin geschützten Budapester Juden wurden in Ghettos gesperrt und die Deportationen in die deutschen Todeslager begannen. Die Pfeilkreuz-Soldaten töteten Juden auf der Straße, wo sie sie für alle sichtbar aufhängten, sie töteten Juden in ihren Häusern, auf der Landstraße; Männer, Frauen, Kinder, Babys. Eine Proklamation wurde veröffentlicht, die besagte, dass das Leben der Juden ohne Wert sei. Täglich wurden kaltblütige Morde begangen und niemand verhinderte es.

Der Terror hatte Einzug gehalten und von da ab war in Budapest kein Jude mehr seines Lebens sicher. Nahrungsmittel waren bereits rationiert und sehr knapp, besonders für Juden. Einige Ladenbesitzer weigerten sich, Juden zu bedienen, selbst wenn sie das Recht auf bestimmte Rationen hatten.

Unser »Judenstern«-Zuhause bestand aus zwei Zimmern und einer Küche. Wir hatten kein Bad und die Toilette war außerhalb. Grundnahrungsmittel wie Zucker und Eier, die wir bis dahin als Notwendigkeiten betrachtet hatten, wurden zu Luxusgütern, die sich Juden nicht leisten konnten. Mein Vater half weiterhin, Leute in Sicherheit zu bringen, und unsere Wohnung wurde zu einem ständigen Unterschlupf für Flüchtlinge. In meiner Erinnerung ist dies eine schreckliche Zeit gewesen; nie zu wissen, wann die Wohnung durchsucht werden würde, trotz aller Vorsichtsmaßnahmen, die wir ergriffen, um den Strom der »Besucher« zu verbergen. Sogar der Gang zur Toilette außerhalb des Hauses war ein Sicherheitsrisiko! Jeder Tag war voller Anspannung und Unsicherheit. Ich wusste, dass wir ständig in Gefahr lebten, aber ich verstand nie wirklich, warum. War es böse, ein Jude zu sein? Warum gingen uns die Leute aus dem Weg und riefen uns Schimpfworte hinterher? Warum wollten meine Freundinnen nicht mehr mit mir spielen und warum mussten wir immerzu flüstern? Damals konnte ich das in meiner kindlichen Unschuld nicht verstehen und noch heute ist mir solches Verhalten unverständlich, trotz aller meiner Erfahrungen.

Mein drei Jahre älterer Bruder wurde weggeschickt, um bei einer »sicheren« Familie unterzutauchen. Falsche »arische« Papiere waren besorgt worden und die Familie wurde für ihre Dienste gut bezahlt. Vierundzwanzig Stunden später war mein Bruder wieder zurück, sehr zum Kummer meiner Mutter und meines Vaters. Er hatte die ständigen Streitereien und wüsten Beschimpfungen zwischen den Erwachsenen und Kindern jener Familie nicht ertragen können. Er bat meinen Vater darum, ihm Arbeit zu geben, alles würde er tun, um nicht in die grässliche Familie zurückkehren zu müssen. Also suchte mein Vater seinen Freund bei der französischen Botschaft auf, einen Herrn Henri Ader, von dem er wusste, dass er unserer Sache wohlgesonnen war. Wahrscheinlich war er, wie mein Vater, ein Mitglied der Untergrundbewegung. Er riet, meinen Bruder in die Moszarer Straße 3 zu schicken, wo zionistische und christliche Gruppen sichere Verstecke für Leute auf der Flucht organisierten. Mein Bruder schloss sich einer recht großen Gruppe von Flüchtlingen an, die jedoch verraten wurden und unter vorgehaltenen Gewehren zum Ufer der Donau marschieren mussten. Dort wurde er zusammen mit den anderen Gefangenen erschossen und sein Körper in die Tiefen eines Massengrabes geworfen. Etwa zur selben Zeit, ohne vom Tod meines Bruders etwas zu ahnen, wurde ich zusammen mit anderen auf die lange qualvolle Reise geschickt, die mich schließlich nach Dachau führte. Eine grausame Wendung des Schicksals versagte es meinem Vater, der so vielen das Leben gerettet hatte, seine eigene Familie zu schützen.

Der Todesmarsch

Was für ein Glück es war, dass meine Mutter mich nicht zur Schule bringen oder von der Schule abholen musste, stellte sich an jenem schrecklichen Tag im November heraus. Die »zugelassene« Schule in der örtlichen Synagoge wurde von all den jüdischen Schülern besucht, denen die Nazis den Zutritt zu ihren normalen Schulen verweigerten. Hätte meine Mutter an dem einen Tag eine Ausnahme gemacht und mich abgeholt, dann hätte sie möglicherweise nicht lange genug überlebt, um mir zu helfen, diese Geschichte zu erzählen.

Bis zum »Putsch« im Oktober 1944 war es noch sicher – auch für Mädchen mit dem gelben Stern –, alleine zur Schule zu gehen, aber natürlich nur zu den erlaubten Zeiten. Nach diesem Datum wurden wir für die Kopfjäger der Pfeilkreuzler oder die SS zum Freiwild, so dass wir jederzeit auf das Schlimmste vorbereitet sein mussten. Als die frostigen, feuchten Novembertage einsetzten, steckte mich meine Mutter in mehrere Schichten warmer Kleidung und schickte mich so gut geschützt gegen den rauen ungarischen Winter zur Schule. Ich trug auch vernünftige, feste Schuhe, die stabil genug für die vielen Meilen Fußmarsch waren, die ich durchzustehen haben würde, obwohl ich zu dem Zeitpunkt noch keine Ahnung von meinem Schicksal hatte.

Wir kamen zwischen ein und zwei Uhr mittags aus der Schule. In jenen Tagen war die Schule wegen der Luftangriffe und der Ausgangssperre früher aus, und wir strömten alle hinaus, eifrig bemüht, den Bitten unserer Eltern zu entsprechen, auf dem schnellsten Wege nach Hause zu kommen.

Als ich den vorderen Ausgang erreichte, hatte ich plötzlich so ein furchtbar flaues Gefühl, das man oft gar nicht erklären kann. Dann sah ich auf der anderen Straßenseite mehrere Lastwagen und einen Trupp Grünhemden der Pfeilkreuzler, ihre Gewehre im Anschlag. Um eine Gruppe schutzloser Kinder zu überwältigen, hatten die Faschisten nicht nur das Gebäude mit ihren eigenen Truppen umstellt, sondern auch eine größere Zahl von deutschen SS-Soldaten angefordert, die die Aktion überwachen sollten. Dieser Anblick war mir nur zu vertraut, und instinktiv versuchte ich zu fliehen, aber es gab keinen Ausweg. Alle, die ihnen über den Weg liefen, wurden kassiert – besorgte Eltern, die ihre Kinder von der Schule abholen wollten, sogar eine Frau in mittleren Jahren, die einen gelben Stern trug und zufällig vorbeikam. Nachdem sie die Kinder, die schon draußen waren, zusammengetrieben hatten, stürzten die Schlägertrupps der Pfeilkreuzler in die Schule, zerstörten das Inventar und drängten unter vorgehaltenem Gewehr die entsetzten Kinder hinaus, die ins Gebäude zurückgelaufen waren, um sich zu verstecken.

Mit elf Jahren war ich wohl eine der jüngsten Schülerinnen. Die stillschweigende Duldung, die auch unsere kleine Schule miteinbezogen hatte, war plötzlich aufgehoben.

Wir wurden alle in die wartenden Lastwagen getrieben. Ich geriet neben die Frau, die unglücklicherweise zur falschen Zeit den Platz überquert hatte. Sie muss mich gleich gemocht haben, denn sie lächelte mich freundlich an, als wäre sie schon voller Anteilnahme für das, was vor uns lag. Als sie sah, dass ich zögerte, in welchen Lastwagen ich einsteigen sollte – die Kinder waren angewiesen, zusammen zu fahren –, nahm sie sich meiner an und leitete mich zu dem Wagen, in dem die Erwachsenen waren. Sie sagte mir, sie heiße Aranka, und sie riet mir, bei den Erwachsenen zu bleiben und mein Alter um vier Jahre heraufzusetzen. Offensichtlich machte sie sich keine Illusionen über das Schicksal der Kinder, die in die Lager deportiert wurden. Eine Elfjährige würde auf direktem Wege zur Vernichtung in die Gaskammer geschickt werden; eine Vierzehn- oder Fünfzehnjährige ließ man am Leben, um sie als Arbeitskraft zu benutzen. Mein Kinderinstinkt riet mir, Arankas Ratschläge zu befolgen, und ich blieb so dicht bei ihr wie möglich. Sie war eine blonde, etwas dralle Frau, außerordentlich gepflegt und offensichtlich ziemlich wohlhabend. Mir fielen ihre sorgfältig manikürten und leuchtend rot lackierten Fingernägel auf und ihr schönes Gesicht. Sie war eine intelligente Frau, die sich mir gegenüber wie eine Mutter verhielt, wofür ich ihr sowohl damals als auch später sehr dankbar war. Mit ihrem Ratschlag, mein Alter zu ändern, hat sie mir zweifellos das Leben gerettet.

Die Pfeilkreuzler nötigten uns, still zu sein, aber wir waren schon erfahren genug, dass nicht viel dazugehörte, uns ruhig zu halten, um niemanden zu gefährden. Aranka versuchte mir sobald wie möglich zu versichern, dass wir an einen angenehmen Ort gebracht würden, wo ich dann mit meinen Eltern zusammenträfe. Sie bemühte sich, mir die Tortur zu erleichtern, aber ich wusste einfach, dass sie nicht die Wahrheit sagte. Und so landeten wir in einer schrecklichen Ziegelei am Rande von Budapest. Einige von uns wurden einfach unter dem offenen November-Winterhimmel abgesetzt, der langsam dunkler wurde. Es gab nur ein paar notdürftige Zelte als Unterschlupf.

Ich hatte Hunger, ich fror und war völlig benommen, wagte aber nicht, mich zu beklagen. Ich blieb so nah wie möglich bei Aranka, um ja nicht von ihr getrennt zu werden. Wir waren lange dort, tagelang, wie es schien, und dann kamen noch mehr dazu, bis wir tausende zählten. Irgendwie wurde ich von den anderen, die ich kannte, getrennt, aber ich blieb die ganze Zeit bei Aranka, die auch weiterhin ein mütterliches Auge auf mich hatte. Ich war eine winzige Figur in einer Menge verzweifelter Menschen, die von ihren Lieben weggezerrt worden waren. Was würde unser Schicksal sein? Die meisten körperlich gesunden Juden waren schon als »Zwangsarbeiter« zusammengetrieben worden oder waren so weitsichtig gewesen, unterzutauchen, bevor die Nazis Jagd auf sie machen konnten. Als dann die Deutschen fünfzigtausend Juden für den Bau von Verteidigungsanlagen oder für Arbeitslager in Deutschland anforderten, gehorchten die Pfeilkreuzler, indem sie Frauen und Kinder von der

Straße oder aus ihren Häusern aufgriffen. So wurde ich also im zarten Alter von elf Jahren zu einer der Arbeitskräfte für Hitlers Reich.

Wieder wurden wir auf Lastwagen getrieben, um diesmal zu einem Sportplatz in Budapest gebracht zu werden, dem Platz, von dem aus die meisten Deportationen in die Lager nach Deutschland gingen. Wieder vergingen mehrere Tage, die wir im Freien verbrachten, ohne jeden Unterschlupf, ohne irgendwelche sanitären Anlagen, gnadenlos dem eiskalten Winterwetter ausgesetzt. Manchmal bekamen wir eine dünne, wässrige Suppe, aber da ich kein Geschirr besaß, ging sogar diese zweifelhafte Form der Ernährung an mir vorüber. Ich hatte die Kunst des Überlebens noch nicht gelernt, so dass ich nicht darauf kam, irgendein Gefäß zu suchen, das ich als Suppennapf benutzen konnte. Etwa vier Tage später wurden Aranka und ich angewiesen, uns in eine Reihe einzuordnen, die zu einem langen Marsch aufbrach. Es gab nicht den geringsten Hinweis darauf, wohin wir gingen oder wie lange es dauern würde. Wir mussten über Straßen, Gleise oder Fußwege laufen, durch die kalte, nasse ungarische Landschaft. Wir wurden von den Pfiffen und Flüchen der Pfeilkreuz-Wachen angetrieben, denen es Freude zu machen schien, diejenigen zu treten und zu schlagen, die taumelten und nicht mit den Übrigen Schritt halten konnten. Viele stürzten vor Schwäche und Erschöpfung am Wegesrand und wurden meistens vor aller Augen erschossen. Nachts hielten wir an Bauernhöfen oder Sportplätzen, wo wir uns ausruhten und schliefen; manchmal im Freien, manchmal, wenn wir Glück hatten, in Scheunen oder eilig errichteten Unterkünften. Zu essen bekamen wir die unvermeidliche Wassersuppe und ein Stück Brot, das meistens hart war und in der Regel schimmelig.

Eine Szene dieses schrecklichen Marsches hat sich mir unauslöschlich eingeprägt. Wir kamen durch eine Stadt und begegneten dort einer Prozession. Männer trugen einen katholischen Kirchenfürsten in vollem Ornat, mit großem Pomp und sehr feierlich. Als die Teilnehmer der heiligen Prozession uns überholt hatten, blieben sie stehen, während ihr Oberhaupt uns seinen Segen gab. Ich hörte seine Worte, gesprochen in Gottes Namen, aber ich hörte keine Worte des Protestes im Namen der Menschlichkeit. Jemand wisperte, es sei Mindszenty, der spätere Kardinal, aber ich war zu jung, der Name sagte mir nichts. Ich konnte nur an der Krone und den roten und goldenen Gewändern, die ihn schmückten, erkennen, dass er eine wichtige Person sein musste. Sein heiliger Segen tröstete uns kaum. Er erinnerte eher an den Segen für einen zum Tod am Galgen Verurteilten.

Wir mussten unsere matten Füße weiterschleppen. Ich wurde von einem freundlich scheinenden, älteren Wachsoldaten angehalten, der mir folgenden Rat zuflüsterte: »Hau ab, kleines Mädchen. Ich guck nicht hin, ich dreh mich um. Mach, dass du wegkommst.« Vielleicht meinte er es wirklich so, vielleicht regte sich bei ihm plötzlich ein gewisses Mitgefühl für ein kleines Kind, dessen künftiges Schicksal er kannte, aber irgendein Instinkt sagte mir, dass sein Rat nicht vernünftig war. Ich wusste ja überhaupt nicht, wo ich war.

Wohin sollte ich gehen und wie würde ich nach Budapest zurückkommen? Und außerdem war ich nach dem tagelangen Marsch bei der mageren Ernährung überhaupt nicht in der Lage, auf gut Glück durchs Land zu ziehen. Abgesehen davon wollte ich bei Aranka bleiben, denn ich spürte eine gewisse Sicherheit, solange ich in ihrer Nähe war.

Unser Marsch bewegte sich langsam auf die österreichische Grenze zu. Auf direktem Weg per Schiene oder Straße wäre dies etwa eine Entfernung von fast 200 Kilometern gewesen, aber durch die vielen Umwege schien es doppelt so weit. Wir froren, hatten Hunger und waren völlig erschöpft, als wir – das heißt die Überlebenden – schließlich an der österreichischen Grenze anlangten. Viele von uns, die nicht hatten Schritt halten können, waren erschossen oder zusammengeschlagen zum Sterben zurückgelassen worden. Einige hatten sich ungesehen von den Wachen davongemacht. Vielleicht kamen sie durch. Wahrscheinlich wurden sie wieder eingefangen und erschossen. Inzwischen sah Aranka, die zu Beginn unseres Marsches so flott gekleidet war, unordentlich, verwahrlost und krank aus. Ich versuchte in meiner kindlichen Art, ihr etwas von dem Trost zu spenden, den sie mir gegeben hatte, und legte meine Arme um sie, so wie ich es früher unter glücklicheren Umständen bei meiner Mutter getan hatte. Durch ihr schön gepflegtes blondes Haar schimmerte das Weiß hindurch und ihre zuvor so elegant lackierten Nägel waren inzwischen abgeplatzt und zerbrochen. Ihr Gesicht schien vor Verzweiflung zu zerbröckeln und sie sah plötzlich sehr alt aus.

Tausende anderer Opfer aus Ungarn und anderen

Teilen des Hitler-Reiches sammelten sich an der Grenze. Sie waren uns vorausgegangen, und während sie dort standen und auf den nächsten Marschbefehl warteten, starrten sie uns mit toten, ausdruckslosen Augen an. Nach und nach wurden wir alle auf Verschiebebahnhöfe gebracht, wo wir wieder warten mussten, ohne zu wissen, wie lange. Später wurden wir in Eisenbahnwaggons getrieben, die zu einem langen Zug gehörten. Es waren Waggons, die normalerweise Vieh transportierten, einige oben offen, andere geschlossen. Die Deutschen hatten sich alles Fahrbare, dessen sie habhaft werden konnten, unter den Nagel gerissen und packten etwa siebzig von uns in einen Waggon. Die Bedingungen waren unbeschreiblich – heute würde es einen Aufschrei geben, wenn Tiere auf diese Art transportiert werden würden.

Irgendwann während dieser wirren Zeit, in der wir herumgeschoben wurden und warten mussten, wurde ich von Aranka getrennt. Verzweifelt durchforstete ich die Gesichter der Menschen um mich herum, ich bedurfte so dringend der Sicherheit der einen Person, der ich vertraute. Obwohl ich in den folgenden Tagen und Wochen ununterbrochen suchte, fand ich sie nicht. Ich werde niemals erfahren, ob Aranka damals gestorben ist oder ob sie überlebt hat, um ihre eigene Geschichte erzählen zu können.

Die Fahrt schien kein Ende zu nehmen – sie währte länger als die geschätzte Dauer unseres Fußmarsches. Ich bin sicher, dass wir nicht nur quer durch Österreich gefahren sind, sondern auch noch durch einen großen Teil Deutschlands. Aus den Gesprächen der

Erwachsenen schloss ich, dass möglicherweise noch nicht einmal die Wachen wussten, wo sie uns am Ende ausladen konnten. Wie wir diese Bahnfahrt überhaupt überlebten, kann ich heute noch nicht verstehen, denn die Alliierten bombardierten ständig die Eisenbahnlinie. Später sollte ich mich fragen, ob sie wussten, dass diese Züge Tausende von unwissenden Opfern in die Konzentrationslager transportierten.

Ich war so an das Geschaukel des Zuges und die um mich herum zusammenbrechenden Menschen gewöhnt, dass ich an einem Wintermorgen heftig erschrak, als plötzlich lautes Rufen und Pfeifen und Knallen erscholl. Unser Zug hatte in einer einsamen, unheimlichen Landschaft gehalten, die mit einem Schneeschleier überzogen war.

»Raus, raus«, bellten die Wachen, und wir kletterten aus den Waggons, voller Furcht vor dem, was vor uns lag. Einige waren so schwach und krank, dass sie kaum die Energie aufbrachten, sich zu bewegen, aber die Wachen halfen nach, indem sie ihnen einen schnellen Tritt und einen Schlag auf den Kopf versetzten. Draußen erwarteten uns noch mehr Wachen mit Hunden, und wir wurden durch ein Tor getrieben, über dem geschrieben stand: »Arbeit macht frei«. Wir hatten das Tor zur Hölle erreicht – das Konzentrationslager von Dachau. Entlang den Gleisen sah ich leichenähnliche Gestalten, die den Schnee wegschippten. Mit ausgestreckten Händen bettelten sie um unsere Brotration, die wir an der Grenze bekommen hatten. Da sie die grauenhafte Zugfahrt schon vor uns gemacht hatten, wussten sie, dass wir Brot hatten, einen Schatz, der für einen verhungernden Menschen wertvoller ist als Gold. In meiner Unschuld und im Glauben, ich würde bald vernünftiges Essen bekommen, gab ich meine Portion einem Mann am Weg, bevor ich die Tore zu meinem neuen Zuhause durchschritt.

Alex Petrushka

Nach der anstrengenden, widerwärtigen und erniedrigenden Fahrt von der österreichischen Grenze war ich völlig gefühllos. Während der Fahrt hatte ich kaum gesprochen, hatte einfach nur auf das Ende gewartet, wobei ich hoffte, nach der Ankunft bessere Bedingungen vorzufinden. Der Lagerteil in Dachau, in dem ich abgeladen wurde, hieß »Landsberg 11«, soweit ich mich erinnere. Der Name spielte allerdings keine besondere Rolle, und ich hätte mich auch gar nicht weiter dafür interessieren können, denn ich war in einem Zustand völliger Erschöpfung. Nach den Fußmärschen der vergangenen Wochen war ich bis auf Haut und Knochen abgemagert. Doch dass ich wie ein Skelett aussah, stellte sich als Vorteil für mich heraus, denn so gab es keine Möglichkeit, mein genaues Alter festzustellen. Da ich keinerlei Papiere besaß, die mich hätten verraten können, war es mir möglich, Arankas Rat zu befolgen und mich ein paar Jahre älter zu machen.

Unter normalen Umständen wäre ich mit elf Jahren wohl noch ein richtiges Kind gewesen, aber seit meinem sechsten Lebensjahr, als ich gelernt hatte, was Furcht bedeutet, war ich älter und weiser als mein

Alter. Daher fühlte ich mich eher wie eine alte Frau als wie ein Mädchen kurz vor der Pubertät.

Wir wurden in einen Block getrieben, wo die Neuankömmlinge angeblich »entlaust« wurden, wo sie duschen mussten, ihnen das Haar geschoren wurde und sie dann gezwungen wurden, Gefängniskleider anzulegen. Alle Sachen mussten ausgezogen werden. Ich zog meine festen Schuhe, meinen warmen Mantel, ein Wollkleid und die wollene Unterwäsche aus – die Sachen, in denen mich meine Mutter vor ein paar Wochen zur Schule geschickt hatte. Sie waren jetzt natürlich in keinem guten Zustand mehr und dreckig, aber immer noch besser als die Sachen, die ich an den Lagerinsassen gesehen hatte.

Im »Umkleideraum« erblickte ich Alex zum ersten Mal. Er war auch ein Häftling. Es war unmöglich, sein Alter festzustellen, weil er so ausgemergelt war. Er musste wesentlich älter gewesen sein als ich, aber ich konnte sehen, dass er trotzdem noch recht jung war. Seine Haut war wie Alabaster und sein Gesicht glänzte in einem durchsichtigen Weiß. Ein Paar sehr dunkler, trauriger Augen war das Auffälligste an seinem Gesicht. Auf dem Kopf trug er eine warme, wollene Kappe, die er weit über die Ohren gezogen hatte. Er war groß und wie alle anderen hier spindeldürr. Sein abgerissener Mantel trug hinten und vorne seine Nummer. Ich durfte nicht stehen bleiben und Alex anstarren, denn wir wurden in den »Entlausungsraum« geschoben. Dort packte mich plötzlich ein hysterisches Weinen, das bald die anderen weiblichen Insassen ansteckte. Es war unkontrollierbar, ein ganzer Block voll

Frauen schrie und schluchzte. Die SS-Wachen stürzten sich Knüppel schwingend auf uns und prügelten uns, bis wir still waren. Als diese schrecklichen Schläge auf meinen Kopf und meine Schultern prasselten, glaubte ich, dies auf keinen Fall zu überleben.

Ich sah, dass mich Alex voll tiefen Mitleids anschaute, und entdeckte Tränen in seinen großen dunklen Augen. Ich spürte, dass er sich um mich sorgte, und mir wurde klar, dass seine Gefühle noch nicht völlig abgestumpft waren. Auf den ersten Blick hatte er so ausgesehen, als wäre er innerlich tot. Aber jetzt hatte ihn etwas berührt, und ich bemerkte den warmen Ausdruck, der über sein Gesicht huschte. Ich spürte ein instinktives »Zusammengehörigkeitsgefühl« und wusste, dass ich bei ihm Sicherheit und Schutz suchen konnte. Seine jahrelangen Erfahrungen, den Nazis auf Gnade und Ungnade ausgeliefert zu sein, hatten ihn gelehrt, was mit Gefangenen geschehen konnte, die Befehle missachteten oder hysterische Ausbrüche hatten und damit möglicherweise die übrigen Insassen beeinflussten oder verstörten. Es schien mir, dass seine Augen mir mitteilen wollten, nicht zu weinen – zu meiner eigenen Sicherheit.

Alex' Aufgabe bestand darin, den Neuankömmlingen Kleider und Schuhe auszuteilen. Er tat es mechanisch und teilnahmslos, ohne ein Wort zu sagen, abgerichtet auf eine Aufgabe, die er schon so viele Male zuvor versehen hatte, Jahr um Jahr. Mir gab er einen dünnen Baumwollkittel, der hinten offen war. Er war so abgetragen, dass er normalerweise als Putzlumpen benutzt worden wäre. Als Schuhzeug bekam ich zwei überhaupt nicht zueinander passende Abendschuhe.

Einer hatte einen hohen Absatz, der andere einen flachen, und sie waren verschieden groß. Natürlich passte mir keiner von beiden, denn sie waren für Erwachsene gedacht, und zudem waren meine Füße besonders winzig. In diesen Schuhen sollte ich über den schneebedeckten Barackenhof gehen und arbeiten. Ich muss alles in allem absolut grotesk ausgesehen haben.

Ich fühlte mich entsetzlich elend. Wo waren meine Eltern? Als Aranka mir versichert hatte, am Ende der Reise würden meine Eltern auf mich warten, war ich zunächst beruhigt gewesen. Was hatte ich hier in diesem abscheulichen Lager zu suchen, mit Leuten, die ich nicht kannte, die alle viel älter waren als ich? Ein winziger Trost war, dass Alex es kurze Zeit später fertig brachte, mit mir zu sprechen – was für ihn mit großem Risiko verbunden war. Das Mitleid, das ich zuvor in seinem Gesicht entdeckt zu haben glaubte, als er mich angeschaut hatte, war echt gewesen. Ich hatte ihn an sich selbst erinnert, an den Tag, an dem er in Dachau angekommen war – als Kind wie ich. Alex erzählte mir, dass er seit seinem zehnten Lebensjahr im Lager war. Er war sogar einer der ersten Insassen des Konzentrationslagers Dachau. Dachau wurde schon 1933 eingerichtet, und das Lager hatte sich rasant vergrößert, um die riesige Anzahl von Menschen unterzubringen, die durch seine Tore kommen sollten. Die Welt hatte sich geweigert zu glauben, dass sich eine Nation so etwas Unmenschliches wie die Konzentrationslager ausdenken könnte, und die Berichte, die zu der Zeit aus Deutschland sickerten, waren von den Staatsmännern und Regierungen nicht beachtet worden. Alex musste beinahe elf Jahre in dem Lager verbracht haben und war ungefähr einundzwanzig, als wir uns kennen lernten. In den kostbaren heimlichen Minuten, die wir uns gönnten, wann immer wir uns treffen konnten, erfuhr ich von seinem Leben und von den Umständen, die ihn nach Dachau gebracht hatten. Jedes Treffen war gefährlich für uns beide, aber unsere Zuneigung wog schwerer als die Gefahr. Ich spürte, dass ich Alex vollständig vertrauen konnte, und verriet ihm mein tatsächliches Alter. Wir entwickelten eine innige geistige Nähe, die uns half, unsere erbärmliche Existenz etwas erträglicher zu machen. Unsere Treffen waren kurz und gefährlich – ein paar ergatterte Minuten, wenn niemand guckte. Wir mussten äußerst vorsichtig sein, denn wenn wir entdeckt worden wären, wären wir vermutlich auf der Stelle erschossen oder zumindest entsetzlich zusammengeschlagen worden. Irgendwie gelang es Alex immer wieder, uns diese kostbaren Momente zu verschaffen, und sie gaben mir Hoffnung für die Zukunft.

Alex' Nachname war Petrushka, und wenn wir zusammen waren, erzählte er mir, was mit ihm und seinen Eltern geschehen war. Sein Vater war ein erstklassiger Musiker polnischer Herkunft gewesen, der die meiste Zeit seines Lebens in Deutschland gelebt hatte. Er war Jude und hatte sich in ein nichtjüdisches deutsches Mädchen verliebt und sie geheiratet. Nach Hitlers Machtergreifung war sie von den Behörden vor die Alternative gestellt worden: Entweder musste sie sich umgehend von ihrem Mann scheiden lassen oder die Konsequenzen tragen, in dieses verachtete Volk eingeheiratet zu haben. Die beiden hatten wirklich aus Liebe geheiratet, und daher weigerte sie sich, ihren Mann zu verlassen. Sie hatte mutig widersprochen – viel zu mutig für den Geschmack der SS. Die SS-Männer zerrten sie aus ihrem Haus und erschossen sie vor den Augen ihres zehnjährigen Sohnes Alex. Der Junge und sein Vater wurden festgenommen und nach Dachau befördert, dem ersten Lager, das eingerichtet worden war. Als das Reich sich ausdehnte und es immer mehr Konzentrationslager gab, wurden sie getrennt. Alex' Vater wurde später nach Auschwitz geschickt, wo er höchstwahrscheinlich zu einem der immer zahlreicheren Nazi-Opfer wurde. Alex war über zehn Jahre in den Händen der Nazis – eine beachtliche Zeit, die er nur durch die Großzügigkeit und die Duldung der SS-Offiziere überlebt hatte. Sein Status in diesen Jahren konnte eigentlich nur als der eines Hausäffchens beschrieben werden. Alex hasste diese Rolle, aber er hatte ihr nichtsdestotrotz sein Leben zu verdanken.

Da er in Deutschland aufgewachsen und halber Deutscher war, sprach Alex hochdeutsch wie ein Einheimischer. Er hatte das musikalische Talent seines Vaters geerbt und spielte gut Geige. In Dachau zwangen ihn die deutschen Offiziere, für sie zu musizieren, während sie ihr Essen in sich hineinstopften und es mit Bier und Schnaps herunterspülten. Mit Hilfe seiner Musik gaben sie sich den Anschein von Kultiviertheit und Sensibilität und sie schienen von seiner Interpretation bestimmter Brahms- und Mozart-Stücke tief bewegt zu sein. Zur Belohnung warfen sie ihm von ihren Tellern Reste zu, wie einem Hund. Am Tag war er in der Kleiderkammer beschäftigt, wo er die Kleider toter Insassen an Neuankömmlinge ausgab. Wie die anderen

Häftlinge war auch Alex den Schlägen und Tritten der Wachsoldaten ausgesetzt. Aber er hatte sein Auskommen. Die Wachen bekamen ihre Unterhaltung und möglicherweise hatten sie auf ihre Art sogar Mitleid mit ihm.

Mein Überleben verdankte ich zweifelsohne der Tatsache, dass ich mich für vierzehn ausgegeben hatte. Ich sprach fließend Deutsch und konnte arbeiten. Manchmal arbeitete ich in der Küche für die SS-Wachen. Obwohl wir wie Sklaven angetrieben wurden und alles auf den kleinsten Fehler hin überprüft wurde, war es warm dort und besser, als draußen in der Kälte zu arbeiten. Meistens hatte ich es Alex zu verdanken, dass ich drinnen eingesetzt wurde. Am Ende jedes Tages wurden Männer und Frauen getrennt in Schlafbaracken gepfercht, wo eine vorgeschriebene Anzahl von Insassen sich auf einer einzigen langen Holzpritsche zusammenkauern musste. Jedwede Bequemlichkeit stand außerhalb jeder Diskussion, auch während unserer Ruhezeiten, und die Pritschen waren hart, überbelegt und unbequem. Der Schlaf stellte sich allein durch körperliche und geistige Erschöpfung ein, und die meisten Leute waren zu krank, um sich um harte Betten zu kümmern.

Während dieser Zeit war es Alex, der meinen Geist und meine Seele am Leben erhielt. Meinen Lebenswillen verdankte ich seiner moralischen Unterstützung und dem Trost, den er mir bei jeder Gelegenheit während unserer kurzen Treffen zuteil werden ließ. Ich kann es nur so ausdrücken, dass unsere Zuneigung zu einer jugendlichen, reinen, aber naiven Liebe wuchs.

Während unserer kurzen Treffen redeten wir und machten Pläne für die Zukunft. Er lehrte mich die Kunst des Überlebens und wie man Nahrungsmittel stahl, wenn sich die Gelegenheit ergab. Er sagte, ich dürfte nie gierig sein und zu viel nehmen, denn das würde mein Leben gefährden. Ich sollte nie eine ganze Kartoffel nehmen – nur ein bisschen von der Schale. Ein kleines Stückchen konnte unter einem Gürtel oder einem Bund versteckt werden, ohne entdeckt zu werden. Ein Krümel Brot war besser als nichts und würde nicht gefunden werden, wenn ich durchsucht würde. Auch wenn ich noch so winzige Stückchen ergatterte, so würden sie mir doch helfen, ein kleines bisschen länger zu leben. Ich merkte mir alles, was er mir sagte, voller Respekt vor seinem Wissen und seinen Erfahrungen und dankbar für seine Freundschaft. Wir sprachen über das, was nach dem Krieg geschehen würde, und ich sagte ihm, dass er dann bei mir und meinen Eltern bleiben würde, denn ich war felsenfest davon überzeugt, dass meine Eltern noch lebten, aber genauso sicher, dass Alex' Vater inzwischen umgekommen war. Da ich körperliche Liebe nicht kannte, abgesehen von den Umarmungen meiner Eltern und meiner Verwandten, betrachtete ich ihn wie einen Bruder. Er würde mein neuer Bruder sein und meine Eltern würden sich auch um ihn kümmern; dies glaubte ich von ganzem Herzen.

Der einzige persönliche Besitz, den Alex hatte bewahren können, war ein Goldmedaillon, das seine Mutter ihm geschenkt hatte. Dieses, seinen kostbarsten Besitz, gab er mir. Die Gefühle, die mich dabei bewegten, kann ich nicht in Worte fassen. Ich war überwältigt von der Vorstellung, dass er mir seine letzte materielle Verbindung zu seiner Vergangenheit schenken wollte. Wie durch ein Wunder gelang es auch mir, es zu bewahren, manchmal unter der Zunge versteckt, manchmal in anderen Teilen meines Körpers. Viel später, im Zug auf dem Weg von Deutschland zurück nach Prag, wurde es mir gestohlen. Die meisten Reisenden im Zug waren Soldaten und vielen Fahrgästen wurden alle Habseligkeiten entwendet. An dem Tag verlor ich mehr als das Medaillon.

Ich fing an, mein Leben im Lager als täglichen Überlebenskampf zu begreifen. Jeder Tag, an dem ich erwachte, war ein neues Wunder. Unzureichende Ernährung, das Fehlen jeglicher Hygiene und die unmenschlichen Lebensbedingungen forderten ihren Tribut und dezimierten die Zahl der Insassen. Ich sah unendlich viel Leid und Qual, so viele alte Leute an Hunger oder Kälte und an Misshandlungen sterben. Ich hatte Typhus, aber irgendwie kam ich durch. Eigentlich wurde jeder, der diese Seuche verbreiten konnte, in den entsetzlichen schwarzen Lastwagen geworfen und dann abtransportiert oder direkt zu den Öfen. Auf diese Weise wurde unsere Zahl weiter reduziert. Unter den Umständen waren es übermenschliche Kräfte, die Alex aufbrachte, um mein Leben zu erhalten. Er schmuggelte seine eigene Wochenration – die immer sehr knapp war – in die Baracke, in der ich im Delirium lag. Von den anderen Insassen bemerkte niemand meinen Zustand, vielleicht weil es den meisten ähnlich ging und die Mehrzahl sich sowieso nicht um die Bedürfnisse der anderen kümmerte. Sogar der Lageraufsicht entging es, dass ich krank war, sie hätte mich jederzeit zum Tode verurteilen können. Alex drängte mir seine eigenen mageren Rationen auf, ergänzt durch die Reste, die er von den Deutschen erhielt, wenn er für sie aufspielte, während sie aßen. Zuerst weigerte ich mich, sein Essen anzunehmen, vielleicht weil ich damals dachte, seine Chancen zu überleben wären größer als meine. Er bat und bettelte: »Nimm schon, wenn dir irgendwas an mir liegt. Ich habe niemanden auf der Welt außer dir.« Ich wusste nicht wie, aber er brachte es sogar fertig, etwas Milch für mich zu stehlen – ich hatte längst vergessen, wie Milch schmeckte, und es war, als ob ich den süßesten, köstlichsten Nektar trank.

Eines Nachts schlüpfte er wieder einmal mit einer lebensrettenden Brotkruste in die Baracke. Flüsternd sprachen wir über die Zukunft und über all die schönen Dinge, die wir zusammen erleben würden. Er erzählte mir, wie er einen der SS-Männer hatte sagen hören, dass die Zukunft für Hitler und die Armee des »Dritten Reiches« nicht sehr hoffnungsvoll aussehe und dass der Krieg bald ein Ende nehmen würde. »Wenn wir«, sagte er, »nur noch ein paar Wochen überleben können. Dann sehen wir vielleicht die Freiheit wieder und natürlich müssen wir zusammenbleiben, für immer.« Ich vertraute und glaubte seinen Worten, und wieder fingen wir an, Pläne zu schmieden. Wir machten uns gegenseitig Hoffnungen und unsere Worte trösteten uns in diesem düsteren Gefängnis. Doch so gerne ich Alex bei mir hatte, ich drängte ihn zu gehen. Wegen des Risikos, das er bei seinen Besuchen auf sich nahm, war ich immer äußerst beunruhigt.

Ein Wort von einer der Insassen, vielleicht in der Hoffnung, als Belohnung eine Extraration zu bekommen, hätte genügt, um ihn in tödliche Gefahr zu bringen. Die anderen in meiner Baracke bemerkten sehr wohl seine Geschenke, seine Liebe und Sorge für mich, und wurden – wie die menschliche Natur nun einmal ist – neidisch. Alex war schon länger als gewöhnlich bei mir geblieben und es war mitten in der Nacht. Die einzigen Laute ringsum waren das Stöhnen der Insassen und der dumpfe Schritt der Wachen. Alex schlüpfte aus dem Fenster. Obwohl er so erfahren war, schaffte er es in jener Nacht nicht, dem Strahl der Suchscheinwerfer von einem der Wachtürme zu entkommen. Der Strahl erleuchtete das Fenster – und Alex. Ich hielt den Atem an, starr vor Entsetzen über das, was nun geschehen konnte. Alex sprang schnell aus dem Fenster, aber er war schon entdeckt worden. Ein Maschinengewehr ratterte und ich sah Alex fallen. Ohne daran zu denken, was mit mir geschehen könnte, raste ich hinaus und nahm seine warme Hand in meine; vielleicht lebte er noch. Schluchzend suchte ich nach einem Funken Leben in meinem Alex, ohne die SS-Wachen zu bemerken, die auf uns zurannten. Die Schläge ihrer Knüppel prasselten auf mich ein, aber ich spürte nicht den geringsten körperlichen Schmerz. Ich beachtete ihre wilden Tritte und Prügel nicht, während ich mich an Alex drückte und seinen Kopf in meinen Armen wiegte. In einem letzten Akt von Grausamkeit zerrten mich die SS-Leute von seinem toten Körper weg. Ich verlor jeglichen Willen zu leben. Ich wollte meinem Leben sofort ein Ende setzen und zu Alex. Warum erschossen sie mich nicht? Warum ließen sie mich leben? Ohne zu zögern, rannte ich auf den elektrisch geladenen Zaun zu. Ich dachte: Ich brauche ihn nur zu berühren, bevor mich die Wachen einholen, dann ist alles vorbei. Aber als ich den Zaun erreichte, stellte sich mir ein älterer SS-Mann in den Weg. »Warum willst du sterben?«, fragte er mich freundlich – die erste freundliche Stimme, abgesehen von Alex', die ich hörte, nachdem ich Aranka verloren hatte. »Du siehst so jung aus. Der Krieg ist bald vorbei und dann ist es mit uns zu Ende. Ich weiß, dass du leben wirst. Und außerdem, sieh doch mal! Im Zaun ist doch gar kein Strom – die roten Lampen leuchten nicht.« Dann berührte er mit bloßen Händen den Draht und bewies damit, dass der Zaun nicht unter Strom stand. Das »Dritte Reich« stand kurz vor dem Zusammenbruch, und dies war eine der Maßnahmen, um Strom zu sparen! Der SS-Mann blickte sich besorgt um, die anderen Wachen durften nicht hören, was er sagte. Dieser ältere deutsche KZ-Wachsoldat war von dem plötzlichen und tragischen Tod von Alex Petrushka sichtlich erschüttert. Auch für ihn war Alex ein vertrauter Anblick geworden, wie ein Stück Möbel, das zum Lager gehörte. Vielleicht hatte er seiner Musik zugehört und ihn hatte dieser jämmerliche Gefangene gerührt, der trotz seiner elenden und qualvollen Existenz so wunderschön geigte. Vielleicht wollte er seine Sympathie vom toten Alex auf dieses kahl geschorene, dürre, aber immer noch lebendige Mädchen übertragen, das vor ihm kauerte.

»Alex' Wache«, so nannte ich ihn für mich, war der einzige Wachsoldat, an dessen Gesicht ich mich in späteren Jahren erinnern konnte. Ob in Budapest oder in den deutschen Lagern – alle Gesichter waren wie aus einem Spiegelkabinett; ohne menschliche Züge. Jung oder alt, blond oder dunkel, nahmen sie alle dieselbe Form an, wie ein Satz Spielzeugsoldaten, alle mit denselben anonymen Gesichtern.

Ein weiteres Wunder meines Lebens ereignete sich: Statt erschossen zu werden, wurde ich lediglich auf meine hölzerne Pritsche zurückbeordert.

Nach Alex' Tod fühlte ich mich wie taub und war in einem völlig benommenen Zustand. Tage und Wochen lief ich wie eine Schlafwandlerin im Lager herum und erfüllte meine Pflichten. Jede Bewegung, jede Handlung war wie ein Reflex, automatisch, ohne Überlegung oder Gefühl ausgeführt. Es gab nichts, für das es sich lohnte, zu leben; Leben hatte keinen Sinn und keine Bedeutung. Ich hatte das Gefühl, dass all meine Kraft, all meine Hoffnung, zu überleben, ausgelöscht waren; für mich musste dies das Ende des Weges sein. Aber so sollte es nicht sein. Das Leben endete nicht und größeres Leiden lag noch vor mir.

Nackte Existenz

Mein Dasein im Lager folgte immer dem gleichen Muster – jeden Tag war ich am Rande des Verhungerns, jeder Tag brachte harte Arbeit, ohne jede Pause. Man ließ uns systematisch bis auf die Knochen abmagern. Täglich starben immer mehr Insassen und ihre Körper wurden ohne jegliche religiöse Zeremonie barbarisch in Löchern verscharrt. Seuchen forderten ebenfalls eine große Zahl von Opfern. Einige Insassen verschwanden in einer etwas abseits stehenden Baracke. Später bestätigte Gerüchte verbreiteten sich, dass diese armen, unglücklichen Menschen in so genannten »Krankenstationen« eingekerkert wurden, wo an ihnen die grauenhaftesten, unmenschlichsten Experimente durchgeführt wurden.

Eines Tages bekamen wir, sehr zu unserer Überraschung, Seifenstücke. Das kam uns widersinnig vor, denn unsere Wachen gestanden uns selten genug Wasser zum Waschen zu. Deshalb verbreiteten sich Gerüchte und Spekulationen, und den Erwachsenen wurde schließlich klar, dass die Seife aus dem Fett menschlicher Körper hergestellt worden war. Wir wuschen uns mit den Überresten unserer Freunde und Verwandten.

Als letzte Geste vergruben wir die übrig gebliebene Seife in der Erde und beteten für den Frieden der Seelen. In diesem bitteren Augenblick ergriff uns noch tiefere Verzweiflung, und ich als Kind fragte mich, warum dies mit mir geschehen musste. Was hatte ich getan und wofür wurde ich bestraft? Mein glückliches und sorgloses Leben war mir plötzlich mit Gewalt genommen worden und mir blieben nur noch Elend und Einsamkeit.

Meine Gedanken wanderten ständig zu meinen Eltern und zu meinem Bruder. Bei jeder Ankunft neuer Häftlinge durchforstete ich ängstlich Reihe um Reihe die Gesichter der Männer und Frauen nach meinem Vater und meiner Mutter, hatte aber tief in mir die Hoffnung, sie nicht darunter zu finden. Ich hoffte und betete, dass ihnen mein Schicksal erspart bliebe. Ohne erklärbaren Grund hielt ich nie nach meinem Bruder Ausschau, denn ich wusste einfach, dass er nicht dabei war. Immer wieder hatte ich einen merkwürdigen Traum von ihm. Er handelte von einer gläsernen Drehtür – wie es sie an Hoteleingängen gibt –, in der mein Bruder gefangen war, er ging immer im Kreis herum, ohne anzuhalten, ohne herauszukommen. Ich verstand die Bedeutung dieses Traumes nicht, wusste aber trotzdem, dass ich meinen Bruder nie im Lager sehen würde.

Meine Erinnerungen an diese Tage scheinen durch das ständige Elend und die Monotonie verwischt zu sein. Ich denke jetzt mit einer merkwürdigen Distanz daran zurück – als ob dies eine Episode aus dem Leben anderer Menschen auf einem anderen Planeten gewesen wäre. Es scheint eine Ewigkeit her zu sein; eine andere Zeit, einen anderen Ort, eine andere Person zu betreffen. Gefühle und Empfindungen waren nur Worte in der Erinnerung. Es war, als ob sie auf Eis gelegt worden waren, um für eine spätere Zeit bewahrt zu werden. Meine Erinnerung besteht aus Dunkelheit und Verderben; Druck, Niedergeschlagenheit, Einsamkeit – alles in trübsinniges Grau gehüllt. Ich habe keine Erinnerung an Farben oder Formen. Ich kann mich weder an Frühling noch an Sommer erinnern, auch nicht an den Anblick von Blumen oder Pflanzen. Es ist, als ob meine feineren Sinne während dieser dunklen Periode meines Lebens schliefen und als ob ein Schloss alles versperrte, was meinen Sinnen und meiner Erinnerung den Zugang zu Schönheit und Freude ermöglicht hätte.

Und trotzdem, trotz der Schwäche meines Körpers, hat mir irgendetwas irgendwie geholfen, diese verzweifelten Jahre zu überleben. Gott hatte mir meine Seele gegeben, und ich möchte meinen, dass mir dies zusammen mit meinem Glauben und meinem inneren Vertrauen geholfen hat durchzuhalten.

Mitunter hörte ich die Erwachsenen über die Entwicklung des Krieges sprechen. Es schien, als ob Deutschland in einem desolaten Zustand sei und dass die Wachen in Dachau jeden Moment die Ankunft der Alliierten erwarteten. Aber würden wir lange genug überleben, um befreit zu werden? Unsere Bewacher setzten ihr Programm der geistigen und körperlichen Torturen mit einem widerlichen Eifer fort, an dem ihr Führer ohne Zweifel Gefallen hatte.

Eines Tages im Winter wurden wir aus unseren Baracken geholt, wir mussten uns ausziehen und uns nackt in der eisigen Kälte aufstellen. Wir mussten so lange stehen bleiben, wie wir die beißenden Naturkräfte ertragen konnten. Viele waren so krank und entkräftet, dass sie dieses grausame Manöver nicht überlebten. Denjenigen, die zusammenbrachen und vor Erschöpfung oder Kälte starben, blieben wenigstens alle weiteren Prügel der Wachen erspart. Noch schlimmer als die Wachen waren oft die »Kapos« oder »Vertrauensleute«, ausgewählt aus den Reihen der langjährig verurteilten Kriminellen – manche waren auch Juden –, die die Deutschen wegen ihres Aussehens oder ihrer viel versprechenden körperlichen Kräfte dazu ernannt hatten. Viele hatten diesen privilegierten Status ergattert, indem sie Mithäftlinge verraten oder so genannte »politische Häftlinge« oder Juden mit extremer Grausamkeit behandelt hatten. Eine der »Belohnungen« bestand darin, entweder vom weiblichen Wachpersonal als Liebhaber oder von den Männern zu Lagerprostituierten ausersehen zu werden.

Ich blieb die meiste Zeit für mich, wobei ich entweder alle meine Gedanken abschottete oder mir kleine Geschichten über den Lageralltag ausdachte, alles tat, um die endlosen Tage und Nächte herumzubringen. Ich hielt mich aus allen Konflikten heraus und verhielt mich den Wachen gegenüber so unauffällig wie möglich. So hatte ich eine bessere Chance, zu überleben. Einmal jedoch platzte ich trotz der Gefahr, die dies barg, mit meiner Meinung heraus. Ich kam gerade von einem »privilegierten« Besuch auf der Toilette und eilte zurück zu meiner Baracke, als ich ganz in der Nähe eine dunkelhaarige, sehr hübsche junge Frau sah. In dieser Umgebung sah sie besonders schön aus; rosa Wangen, gesund, wohlgenährt. Sie trug Stiefel und einen Fellmantel und war offensichtlich eine »Kapo«. Als ich meine Abteilung betreten wollte, schlug sie mit ihrem Knüppel auf mich ein. In mir brannten Schmerz und Empörung, und ohne an die Konsequenzen zu denken, schrie ich sie an: »Warum machst du das? Niemand beobachtet dich, hier sind keine Deutschen, vor denen du dich aufspielen musst! Du bist selber Jüdin und schlägst unschuldige Menschen. Ich bin schwach und am Verhungern, trotzdem willst du mich schlagen. Glaub mir, Gott wird dich strafen!« Mit jedem zornigen Wort wurde mir klarer, in was für eine Gefahr ich mich begab, aber ich musste meinen Gefühlen freien Lauf lassen. Sie schlug mich nicht weiter, sondern wurde tiefrot im Gesicht, dann wandte sie sich um und ging weg. Von da an vermied sie es, mir nahe zu kommen, wenn sie mich sah. So jung und zerbrechlich, wie ich war, habe ich immer geglaubt, dass Gott mir die Kraft und den Mut gegeben hat, so mit dieser »Kapo« zu reden.

Während meiner Gefangenschaft in Dachau wurde ich zusammen mit einigen anderen jüngeren Häftlingen zur Landarbeit in der näheren Umgebung abkommandiert. Der ordentliche bayerische Bauernhof und die Landschaft ringsum waren eine willkommene Abwechslung von dem ständigen Geruch nach Tod und Seuche im Lager. Wir durften im Heu schlafen – ein Luxus, der nicht lange währte. Nach der anstrengenden Arbeit des Tages waren wir müde und hungrig, und für hungernde Menschen sind Körner, die für die Hühner auf die Erde gestreut werden, eine Versuchung. Einige andere versuchten genau wie ich, ein paar Körner aufzusammeln und sie so schnell wie möglich in den Mund zu stopfen. Die Bauernfamilie entdeckte diesen versuchten Diebstahl und teilte den Vorfall umgehend den Wachen mit. Die Wachen beschimpften uns unflätig und schrien, dass wir die Regeln missachtet hätten und bestraft werden müssten. Hätten wir das kostbare Hühnerfutter tatsächlich gegessen, wären wir zweifelsohne getötet worden. So wurden wir nur verprügelt. Einer der Wachsoldaten stürzte auf mich zu und grabschte mit seiner groben Hand in meinen Mund, um die paar Körner herauszuholen, die ich zusammengerafft hatte. Er zerrte an meinen zarten Lippen und riss sie in seiner Rage auf. Der Bauer und seine Familie schauten zu, völlig ungerührt von unseren Schreien. Später wunderte ich mich über so viel Desinteresse an menschlichem Leiden. Ich kann es mir nur so erklären, dass sie das mächtige Gift der effizienten Propagandamaschinerie des Reichs vollständig in sich aufgesogen hatten. Ihnen war gesagt worden, dass die Lagerhäftlinge Feinde des deutschen Volkes seien oder Kriminelle, die dem Wohlstand ihres Landes schadeten. Man kann sich nur wundern, was für grässliche Verbrechen uns Kindern in die Schuhe geschoben wurden.

Kurz nach diesem Vorfall wurde Dachau wegen des Vormarsches der Alliierten teilweise evakuiert und wir brachen auf zu sinn- und ziellosen Märschen.

Ungefähr zu der Zeit wurde ich auf ein junges Mädchen aufmerksam, das sich an mich hängte. Obwohl sie älter als ich war – ungefähr fünfzehn oder sechzehn –, war sie sehr unreif, und ich vermutete, dass sie geistig zurückgeblieben war. Meistens verhielt sie sich unauffällig und wollte offenbar nur bei mir sein. Ich erinnere mich gut an ihr gestutztes Haar und die Ringe um ihre tiefen, dunklen Augen, die ihr knochiges Gesicht beherrschten. Wie alle anderen war sie in Lumpen gekleidet und um ihren dürren Körper presste sie Fetzen einer Decke. Sie sprach sehr wenig und wirkte irgendwie abwesend. Meistens war sie still und verhalten, aber manchmal überkam sie hysterisches Schluchzen. Diese emotionalen Ausbrüche gefährdeten das Leben der anderen, denn die deutschen Soldaten nutzten solche Gelegenheiten, den Schuldigen und alle anderen, die im Weg waren, zu verprügeln oder zu erschießen. Immer, wenn es so weit war, versuchten alle, das Mädchen zu besänftigen und zur Ruhe zu bringen, und ich fing an, ein gewisses Maß an Verantwortung für dieses arme, gequälte Wesen zu empfinden. Auch ich hatte zuvor jemanden gefunden, der stärker war als ich, der mir zur Seite stand und mich tröstete; so suchte sie nun meinen Beistand. Ob sie durch ihre entsetzliche Umgebung so verstört war oder ob sie schon immer geistig zurückgeblieben war, habe ich nie erfahren, aber ich war froh, zu wissen, dass ich ihr vielleicht etwas Trost bieten konnte.

Auf einem unserer mörderischen Märsche bekamen wir ein Stück Brot. Jede Portion war wie ein kleiner Laib, ein grobes, dunkles Brot, das normalerweise die Soldaten bekamen. Als wir uns anstellten, um unsere

Rationen zu empfangen, wurden wir getreten und geschlagen, aber wir warteten trotzdem auf dieses kleine Stückchen Luxus. Die Beschimpfungen, die uns entgegengeschleudert wurden, enthielten ironischerweise einen guten Rat, wenngleich er uns sicher nicht in guter Absicht zugerufen wurde. Wir sollten nicht wie Tiere alles auf einmal herunterschlingen, sondern das Brot aufheben, denn es war das einzige, das wir in den nächsten drei Wochen zu sehen bekämen! Aber ach, viele Leute schlangen es auf einmal hinunter und damit reihten auch sie sich in die Masse der Toten ein. Ihre zu Skeletten abgemagerten Körper hatten schon so lange gehungert, dass selbst dieser winzige Brotlaib für ihre geschrumpften Mägen zu viel war. Mit aufgeblähten und angeschwollenen Bäuchen fielen sie einfach um und starben.

Der Marsch über Land ging weiter und Schritt für Schritt waren wir den Schlägen und Beschimpfungen der Wachen ausgesetzt. Meine eigene Kraft ließ zusehends nach, und es kostete Mühe, das Brot festzuhalten, das ich noch übrig hatte. Selbst die Schuhe anzubehalten wurde zu einer immer schwierigeren Aufgabe. Sie waren für meine kleinen Füße mehrere Nummern zu groß, und ich konnte nur gehen, indem ich die Zehen zusammenkrampfte, um die Schuhe halten zu können. Bis zum heutigen Tag sind meine Zehen deformiert. Ich wurde so schwach, dass mir der Aufwand zu viel wurde, und ich erwog, die Schuhe einfach liegen zu lassen. Dann erinnerte ich mich daran, wie sehr ich unter der Kälte gelitten hatte, und so schaffte ich es schließlich mit Hilfe ein paar zerrissener Lumpen, die Schuhe anzubehalten.

Plötzlich entwickelte ich einen Heißhunger nach Zwiebeln! Der Gedanke, in eine Zwiebel zu beißen, spukte Tag und Nacht durch meine Träume, und zu jener Zeit hätte mir keine noch so exotische Frucht dieselbe Freude gemacht wie eine einfache Zwiebel. Ich hätte mich genauso gut nach Kaviar sehnen können, denn es bestand nicht die geringste Hoffnung, dass ich eine Zwiebel finden würde, obwohl ich ununterbrochen danach Ausschau hielt, wenn wir durch ein Dorf oder an einem Bauernhof vorbeikamen. Ich weiß, dass ich früher einmal gehört hatte, wie meine Eltern sich über einen Bekannten unterhielten, der ins Gefängnis gesperrt worden war. Sie sprachen über die Dinge, die er brauchte, auch über das Essen im Gefängnis, und sie sagten, wenn ihm jemand Zwiebeln oder Knoblauch verschaffen könnte, dann würde ihn das gesund halten, denn beides sei gut für die Lungen. Vielleicht erinnerte ich mich unbewusst an diesen Vorfall, als sich mein Heißhunger entwickelte.

Wir rasteten immer nur kurz, vielleicht ein oder zwei Stunden. Manchmal bekamen wir eine Schüssel lauwarmes Rhabarberwasser. Dann und wann hielten wir an einem Bauernhof, wo wir im Heu schlafen durften. Hier konnten wir zumindest mit ein paar Stunden ungestörter Ruhe rechnen. Die endlosen Appelle und das nackte Strammstehen, um uns zu zählen, wurden nie vor Zivilisten durchgeführt. Vielleicht hatten die deutschen Kommandos so etwas wie ein Gewissen und wollten ihren Landsleuten den unschönen Anblick ersparen. Eines Nachts, als wir auf einem dieser Bauernhöfe rasteten, legte sich das dunkeläugige Mädchen neben mich, und wir kuschelten uns in die angenehme Wärme des Heus, schwach und erschöpft. Früh am nächsten Morgen, knapp vor Tagesanbruch, wurden wir geweckt, um unseren Marsch fortzusetzen. Meine Kameradin suchte etwas im Heu, aber wohl vergeblich, denn von Sekunde zu Sekunde steigerte sich ihre Aufregung. Es schien, dass sie es irgendwie geschafft hatte, sich ein Stückchen Brot aufzubewahren, und wie üblich hatte sie es beim Schlafen unter dem Kopf gehabt, so dass es ihr nicht gestohlen werden konnte. Nun fand sie es nicht mehr. Sie schrie alle vorwurfsvoll an – auch mich – und wurde völlig hysterisch. Einige versuchten, ihre Schreie zu ersticken und sie zu beruhigen, waren aber zu schwach dazu. In diesem erregten Zustand wurde sie von den Wachen gegriffen und ins Krankenhaus gebracht. Wir alle wussten, was das bedeutete. Ich weinte um sie, obwohl ich weder ihren Namen noch ihre Nummer kannte, und ich sah sie nie wieder. Später erkundigte ich mich nach ihr, und obwohl mehrere wussten, dass sie ins Krankenhaus gekommen war, hatte sie niemand herauskommen sehen.

Mein junger Körper hatte bislang dem Verhungern widerstehen können. Auch die häufigen Schläge und Misshandlungen hatte er überstanden und sogar den Typhus, der im Lager gewütet hatte. Es schien, dass meine Seele stärker war als mein Körper und mich drängte, nicht aufzugeben. Wir hofften und beteten, dass für unsere Peiniger bald das Ende käme. Die letzten Tage des Jahres 1944 waren kalt und bitter, aber wir hatten den Glauben, dass das Frühjahr 1945 uns Freiheit und Leben bringen würde – wenn wir nur bis dahin überlebten. Wieder verbreiteten sich Gerüchte, dass die alliierten Kräfte vorwärts stürmten. Wir wussten, dass es nur eine Frage der Zeit war, bevor sie auf eines der Todeslager stießen, und dann würden die volle Wahrheit und das ganze Entsetzen zu Tage treten, das sie sich zuvor zu begreifen geweigert hatten. Ob wir noch am Leben sein würden, um unsere Befreier zu begrüßen, war eine andere Frage.

Kurzer Aufschub

Es schien, als ob wir wochenlang unterwegs waren, zu Fuß oder auch mitunter per Bahn. Ich dachte bald, wir hätten uns verirrt. Vielleicht kannten sogar unsere Wachen das Ziel nicht. Die Bedingungen waren unbeschreiblich, keinerlei Hygiene war möglich, es gab nirgends sanitäre Anlagen, sehr wenig Essen und Wasser. Einmal schienen wir unter unentwegten Luftangriffen zu stehen, überall um uns fielen Bomben und schlugen in die Waggons ein. Viele wurden getötet, aber mich rettete das Schicksal vor dem Tod. Jahre später erfuhr ich, dass diese Bombenangriffe Teile der alliierten Luftoffensive auf Berlin waren. Wie wir dort hinkamen, weiß ich nicht. Obwohl ich den Bomben entkam, war ich kurz vor dem Zusammenbruch. Der Hunger und die Fahrt in den offenen Waggons setzten mir zu, meine Finger waren so erfroren, dass ich jegliches Gefühl in ihnen verloren hatte. Wieder sah ich viele meiner Leidensgenossen sterben. Der Tod war mein ständiger Begleiter geworden und ich war doch erst zwölf Jahre alt.

Es hieß, wir würden bald zu einem Lager kommen, in dem gute Bedingungen herrschten, wo es Essen und angenehme Unterkünfte gab und sogar ein Krankenhaus. Zu jenem Zeitpunkt berührte mich das nicht mehr. Ich hatte das Gefühl, am Ende meiner Kräfte zu sein und nicht mehr länger aushalten zu können. Jedoch erreichten wir eines Tages – zu Fuß – dieses so genannte »Vorzeige-Lager«. Ich konnte nicht glauben, was ich dort sah. Wie bei einem normalen Krankenhausgelände gab es wunderschön angelegte Blumenbeete mit grünem, grünem Gras drumherum. Alles sah sauber und ordentlich aus und sogar die Baracken machten einen guten Eindruck. Ich sah Leute herumstehen oder arbeiten; die Männer sauber rasiert, alle in saubere Sachen gekleidet, die alt und abgetragen sein mochten, aber nichtsdestotrotz reinlich und vorzeigbar.

Beim Anblick dieser zivilisierten Bedingungen schöpfte ich wieder Hoffnung. Vielleicht war der Krieg zu Ende und dies war unsere Befreiung! Die bunten Flecken der Blumenrabatten erfreuten mein kindliches Gemüt. Es war so kunstvoll, so hübsch. Der ganze Anblick wirkte so heiter, dass die Soldaten mit ihren Gewehren, die Wachhunde und die Wachtürme untergingen. Der Ort, an dem wir uns befanden, war tatsächlich ein »Modell-Lager«, das Vertreter des Roten Kreuzes besichtigen durften, wenn sie die Lebens- und Arbeitsbedingungen der Gefangenen im Reich überprüften. Natürlich war dies keine wirkliche Darstellung der Konzentrationslager, sondern nur ein »Schau-Stück«, klug aufgebaut, um die Bedenken der Neutralen zu zerstreuen. Vielleicht war den erwachsenen Häftlingen dies bewusst, aber mein junger Verstand erfasste es nicht. Für mich sah alles aus wie der

Himmel auf Erden, und ich verspürte neue Hoffnung, schöpfte neue Kraft.

Dennoch gab es genügend Anzeichen für den wahren Charakter dieses Lagers. Als ich mich umschaute, sah ich Wachen mit ihren Gewehren und den unabdingbaren Knüppeln und entdeckte jemanden am Boden, der getreten wurde. Wir betraten die Baracken, wo ich erneut meinen Augen nicht trauen wollte. Keine langen, harten Gemeinschaftslager, sondern einzelne Pritschen mit sauberem, weichem Stroh. Der reine Luxus! Weder davor noch danach habe ich ein Lager wie dieses gesehen. Doch das aufwallende Glücksgefühl war von kurzer Dauer. Die Glocke rief uns nicht einmal zehn Minuten nach unserer Ankunft zum endlosen Appell. Zu jeder Zeit, ob Tag oder Nacht, rief uns diese gefürchtete Glocke zur Inspektion und zum Zählappell. Bei jedem Wetter, Regen, Sturm oder Schneetreiben, mussten wir Stunde um Stunde stehen, bis endlich jemand kam, um uns zu zählen. Das konnte so oft wiederholt werden, wie es ihnen einfiel, und fast jeder Appell endete damit, dass eine Anzahl von Häftlingen vor Erschöpfung und Kälte zusammenbrach und starb. Wir wurden zurück in unsere Betten oder zur Arbeit geschickt, nur um kurze Zeit später derselben Tortur ausgesetzt zu sein.

Nach unserem ersten Appell in diesem »Modell-Lager« wurde uns gesagt, wir bekämen eine heiße Suppe und eine Scheibe Brot. Die Brotration war klein und trocken, aber es war etwas Essbares und Essen hieß Leben. Einige der Leute hatten nicht einmal mehr die Kraft, sich anzustellen. Eine junge Frau hinter mir ließ ihren Blechnapf fallen, und ich bückte mich, um ihn aufzuheben und ihr schnell wieder in die Hand zu drücken. Wenn ich ihn für die Frau gehalten hätte, hätte es so ausgesehen, als besäße ich zwei Näpfe, was verboten war. Ich grübelte noch, ob sie zurechtkommen würde, doch sobald ich meine Essensration bekam, vergaß ich sie. Ich verschlang das Brot und trank die Suppe schnell, damit ich wieder zu Kräften kam.

Wir kehrten zu den Baracken zurück, und ich sank erschöpft auf eine Pritsche, in das saubere, süß duftende Stroh. Ich genoss die weiche und warme Unterlage, kostete diesen wundersamen Luxus aus. Mein müder Körper versank in jenen Zustand völliger Entspannung kurz vor dem Einschlafen, nur um Minuten später zu einem erneuten Appell brutal wieder hochgerissen zu werden.

Am nächsten Morgen wachte ich mit wahnsinnigen Zahnschmerzen auf. Der Schmerz war so heftig, dass ich verzweifelt aufschrie. Dies ist nun mein Ende, dachte ich. Zu schreien oder vor den Augen der Wachen irgendwelchen Aufruhr zu verursachen war tödlich, aber der Schmerz war so unerträglich, dass ich meine Schreie nicht zurückhalten konnte. Ich wusste, dass der Lärm nicht nur mein eigenes Leben gefährdete, sondern auch das meiner Mithäftlinge. Als zwei Wachen mit vorgehaltenen Gewehren hereingestürmt kamen und brüllten: »Was ist los? Was soll der Lärm?«, wusste ich, dass ich erschossen werden würde. »Sie hat Zahnschmerzen«, antwortete jemand auf Deutsch, »und sie kann die Schmerzen nicht mehr aushalten.« Mein Schutzengel musste seine Hand im Spiel gehabt haben, denn statt dass ich herausgeschleppt und erschossen wurde, wurde mir gesagt, dass ich zum Lagerzahnarzt gebracht werden würde! Ich konnte das nicht glauben, aber ich wurde tatsächlich ins Sprechzimmer gebracht. »Gebracht« ist allerdings kaum das richtige Wort, denn ich wurde den ganzen Weg lang gestoßen und getreten. Obwohl ich stolperte und fiel und die ganze Zeit vom Zahnschmerz gequält wurde, kamen wir schließlich zu einem Gebäude, an dem »Klinik« stand. Rote-Kreuz-Flaggen flatterten daneben, und ich dachte, dass ich vielleicht für Experimente benutzt werden würde. An der Tür zögerte ich, aber der Stiefel einer meiner Wachen half mir hinein. Im Behandlungszimmer der Klinik stand ein gesunder, gut aussehender junger jüdischer Arzt, der in einen makellosen weißen Kittel gekleidet war. An seiner Seite eine wunderschöne deutsche Krankenschwester, die auch einen weißen Kittel trug, durch den ich die Insignien der SS schimmern sah. Der Arzt zog mir mit erfahrenen, sanften Händen den Zahn, wobei er mir erklärte, dass er mir keine schmerzstillende Spritze geben könne, da es keine gab. Danach gab er mir eine Tablette, und ich muss zugeben, dass sie mich vom Zahnschmerz befreite. Ich fand es unglaublich, dass ich medizinische Behandlung bekommen hatte, statt erschossen oder zu Tode geprügelt zu werden. Die Soldaten brachten mich zur Baracke zurück. Ihre Tritte und Schläge blieben mir nicht erspart, aber nach dem Schmerz, den mir der Zahn bereitet hatte, war diese Bestrafung erträglich – und ich war noch am Leben.

Diese kleine Episode meines Lebens endete am nächsten Tag, als wir unser »Modell-Gefängnis« verließen. Als wir am Morgen zum Abmarsch zusammengetrieben wurden, sah ich andere Häftlinge ankommen, die zweifellos – so wie uns – Ruhe, Essen und Unterkunft erwartete. Der Traum war vorüber, der Alptraum ging weiter.

Angeschossen

Wir zogen weiter. Zu Fuß und im Zug, immer abwechselnd. Wie lange oder wohin, wusste niemand. Ich bewegte mich und reagierte wie ein Roboter. »Los!«, und ich ging. »Halt!«, und ich blieb stehen. Mein Körper antwortete, aber meine Seele blieb unbeteiligt. Wir schleppten uns weiter, hielten kaum an, um zu rasten, und wurden nun überhaupt nicht mehr mit Lebensmitteln versorgt. Unsere einzige Nahrung war das, was am Weg wuchs. Wir aßen Gras, Wurzeln, Beeren, Blätter – alles, um den nagenden Hungerschmerz einzudämmen, der unser ständiger Begleiter war. Ich erinnere mich daran, die Wurzeln eines Baumes gegessen zu haben, der wie ein Weihnachtsbaum aussah. Vielleicht aßen wir sogar Teile von Pflanzen, die giftig waren, aber keiner wusste es, keinen interessierte es. Wir würden sowieso sterben. Vielleicht war das Gift eine verkappte Gnade.

Woher meine Ausdauer kam, werde ich nie wissen, aber irgendwann verließen mich doch die Kräfte und ich brach vor Schwäche und Erschöpfung zusammen. Erstaunlicherweise wurde ich nicht von den unzähligen marschierenden Füßen zertrampelt und zu Tode getreten, auch die Wachen bemerkten meinen Zusammenbruch nicht. Wie lange ich dort lag, weiß ich nicht, aber als ich mich wieder aufrappeln wollte, konnte ich mich nicht mehr erinnern, wo ich war. Dann sah ich die leichenähnlichen Gestalten vor mir und der lebendige Alptraum war mir wieder gegenwärtig. Als ich versuchte, die Gruppe einzuholen, entdeckte mich eine der Wachen. Ihm muss wohl klar gewesen sein, dass ich nicht weitergehen konnte. »Geh rüber zu den Bäumen, Kleine«, sagte er. »Ruh dich ein bisschen aus, und wenn du das Ende der Gruppe siehst, dann gehst du wieder mit.« Seine Stimme war sanft und freundlich, und ich tat wie geheißen, wie in Trance. Benommen schleppte ich mich zum Straßenrand, wo ich stolperte und fiel. Ich wandte mich zu der Wache um und sah seine Maschinenpistole auf mich gerichtet. Wie betäubt starrte ich sie an. Dies war nun also das Ende. Ich hatte nicht den Willen und nicht die Kraft, um wegzulaufen, ich wartete nur auf das Ende. Ich hörte die Schüsse aus seinem Gewehr, spürte einen starken Schmerz in meinem Bein und verlor das Bewusstsein.

Ich lag am Straßenrand, kam manchmal kurz zu mir, ohne eine Ahnung zu haben, wie viel Zeit verging. Eine Stunde, ein Tag, zwei Tage? Immer wieder hörte ich die Stimme der Wache, die sagte: »Ruh dich aus, Kleine«, und ich konnte seinen uniformierten Körper sehen und seinen runden Helm, aber kein Gesicht. Alles war verschwommen und seine Stimme war wie ein Echo in einem langen, dunklen Tunnel. Ich versuchte, zu Bewusstsein zu kommen und mich aus dem dicken Nebel zu winden, der mich einzuhüllen schien. War ich tot? Hatte ich geträumt, dass die Wache vor mir stand und mich erschoss? Ich betastete mich und stellte fest, dass ich starke Schmerzen spürte. Endlich schaffte ich es, meine schmerzenden Augen zum scharfen Sehen zu bewegen, und entdeckte durch den Nebel eine Gruppe von Häftlingen auf mich zumarschieren. War das »meine« Gruppe? Aus den Lauten und den Satzfetzen, die ich hörte, schloss ich, dass es französische Gefangene waren. Ich konnte nur ganz wenig Französisch, aber als sie mich entdeckten, verstand ich das Wesentliche ihrer Unterhaltung. Die Franzosen wollten mich aufheben und mir helfen, doch die deutsche Wache wollte mich liegen lassen, bis das nächste Kontingent Juden vorbeikäme, das mich mitnehmen könnte. Die Franzosen schienen aber bei ihrem Vorhaben bleiben zu wollen, und die deutschen Wachen, die sich vielleicht vor den anderen Soldaten, die ihren Ehrenkodex noch aufrecht hielten, nicht zu gefühllos zeigen wollten, erlaubten ihnen, mich aufzuheben. Ich erinnere mich vage daran, dass ich in eine Art Rote-Kreuz-Krankenwagen getragen wurde und dass eine Stimme sagte: »Tut mir Leid«, bevor ich mit Alkohol eingerieben und die Kugeln aus meinem Bein geschnitten wurden. Es gab kein schmerzstillendes Mittel, und ich kann mich daran erinnern, das Messer gespürt zu haben, aber gnädigerweise befand ich mich in einem halb bewusstlosen Zustand. Ein Ast von einem Baum diente als Schiene und mein Bein wurde mit Lumpen umwickelt. Später wurde mir gesagt, dass der Arzt, der diese improvisierte Operation ausgeführt hatte, Ungar war wie ich. Ich erinnere mich an die Freundlichkeit, mit der er mich umsorgte, als ich wieder zu Bewusstsein kam, und ich bemerkte seine abgerissene Kleidung. Auch sein Gesicht gehörte zu den wenigen, an die ich mich später erinnern konnte.

Ich hatte große Schmerzen, fieberte und war wie ein kleines Skelett, eines der Gespenster, mit denen ich marschiert war. Ich blieb im Krankenwagen, verlor immer wieder das Bewusstsein, bis ich eines Tages aufwachte und mich in einem anderen Konzentrationslager vorfand. Mein neues Zuhause war Bergen-Belsen.

Konzentrationslager Belsen. Bei denen, die überlebt haben, weckt dieser Name Erinnerungen an eine mit Schrecken erfüllte Existenz, bei denen, die es befreiten, ruft es Bilder unbeschreiblichen Elends hervor.

Meine ersten Erinnerungen an das Lager sind verschwommen, denn ich war sehr schwach, hatte große Schmerzen und konnte wegen meines verletzten Beines nicht richtig laufen. Als ich wieder zu Kräften kam und meine Umgebung wahrzunehmen begann, sah ich, dass alles und alle völlig desorganisiert waren. Weder die Wachen noch die Häftlinge schienen zu wissen, was geschah. Überall im Lager wurden Leichen und Kleider verbrannt, der Gestank spottete jeder Beschreibung. Während ich herumhumpelte und diesen entsetzlichen Anblick wahrnahm, war mein kindlicher Verstand wahrscheinlich gar nicht in der Lage, die Bedeutung der Vorgänge zu begreifen. Obwohl ich mich an das Leiden und das Elend erinnere, als ob es gestern war, erfasste ich damals das entsetzliche Ausmaß nicht. Täglich wurden Leichen zusammengekarrt und zu den Gruben oder Feuern transportiert, die die Häftlinge selber graben oder entfachen mussten. Wie viele von den Insassen mussten ihre eigenen Verwandten oder Freunde beseitigen? Wie viele Mütter, Väter und Kinder waren in diese ungeweihten Gräber geschaufelt worden? Wie viele Seelen nahmen an diesen entsetzlichen Vorgängen für immer Schaden, wie viele Herzen wurden gebrochen? Die »Herrenrasse« machte ihre Sache gut. Für unendlich viele Juden war Bergen-Belsen das Ende.

Meine eigenen Überlebensinstinkte ließen mich auf einige der Ratschläge von Alex Petrushka zurückgreifen. Herausfinden, wo die Küche war, um vielleicht Essen finden oder stehlen zu können. Den Wachen aus dem Weg gehen, die sowieso nicht allzu viel wahrzunehmen schienen. Auf der Suche nach den Küchengebäuden hüpfte und humpelte ich herum. Ich kann mich nicht erinnern, wo oder wie ich sie fand, aber irgendwie ergatterte ich eine kleine Kartoffel. Was für ein Fund! Ich humpelte hinüber zu einem der Feuer und ließ meine Kartoffel in die Asche fallen, um sie zu backen. Der Geruch der verkohlten Kleider und wer-weiß-was-noch war entsetzlich, aber der Hunger stumpft ab und in dem Moment konnte ich nur an Essen denken. Ich setzte mich neben das Feuer, um meine Kartoffel zu bewachen, und bemerkte viele Augenpaare, tief in hohle Gesichter gesenkt, die mich in hoffnungsvoller Erwartung anstarrten. Dann drehte ich mich um und sah eine sehr schöne SS-Frau auf mich zukommen. Groß, blauäugig und blond, mit einer attraktiven Figur, hübschen, ebenmäßigen Zähnen und – wie mir auffiel – einem Paar teuer aussehender Stiefel. In späteren Jahren wurde mir erklärt, dass es die berühmte Irma Grese war, aber da siebzig Prozent aller weiblichen Wachen so aussahen, hätte es jede sein können. Lächelnd kam sie auf mich zu: »Es ist schön, die Hände am Feuer zu wärmen, was?«, fragte sie sanft. Dann änderte sich ihr Gesichtsausdruck. Sie stieß mich näher ans Feuer, befahl mir, die Kartoffel mit meiner Hand zu bedecken, und dann stampfte sie mit ihrem schweren Stiefel auf meine Hand und trat meine Finger ins Feuer, so dass die noch harte Kartoffel unter meiner Hand zerquetscht wurde. Der Schmerz war unerträglich, die Knochen in meiner Hand brachen und ich trug noch jahrelang die Narben der Verbrennungen.

Den Aussagen der Insassen und dem Verhalten der Wachen zufolge hatten wir den Eindruck, dass Deutschland kurz vor dem Zusammenbruch stand. Unsere Peiniger erschossen niemanden mehr in aller Öffentlichkeit, die Wachtürme und Suchscheinwerfer waren nicht mehr vierundzwanzig Stunden am Tag besetzt und viele der Wachen liefen unbewaffnet durchs Lager. Nur die Feuer brannten ununterbrochen, wahrscheinlich um alle Beweise zu vernichten, bevor die Alliierten kamen. Ich bin sicher, dass viele der Körper, die zum Verbrennen aufgehäuft wurden, noch Leben in sich bargen, wenn auch nur spärliches. Vielleicht waren sie vor Hunger zusammengebrochen und von den Wachen zusammengesammelt worden, als ob sie tot wären. So wurde auch ich aufgefunden, als die Alliierten in Bergen-Belsen einmarschierten. Oben auf einem Haufen von Leichen erwartete ich meinen letzten Ruheplatz – den Scheiterhaufen.

Befreiung

Sein oder Nichtsein«, das war die schreckliche Frage, als die Alliierten im Konzentrationslager Belsen eintrafen. Am Leben zu sein oder nicht am Leben zu sein, was war besser? Ich war schon zu den Toten gerechnet und auf einen Haufen Leichen geworfen worden. Ich war gerade noch bei Bewusstsein, aber unfähig, mich zu rühren. Verschwommene Bilder huschten durch meinen Kopf, während ich dort lag. Die Kartoffel und das Feuer, das Lächeln auf dem wunderschönen Gesicht der SS-Frau, die endlosen Zugfahrten und die Gewaltmärsche, Aranka, Alex Petrushka, meine Eltern. Alles schwamm durcheinander wie eine bewegliche Bildmontage.

Die Alliierten Streitkräfte waren eingetroffen und wir waren frei! In meinem benommenen Zustand beobachtete ich, wie die Lagerinsassen das Lagerhaus stürmten, in dem die Nahrungsmittel aufbewahrt wurden, und das Gebäude plünderten. Für viele war es das Todesurteil. Nach monatelangem Hungern konnten ihre Mägen die Mengen nicht verkraften, die sie wie besessen in ihre ausgemergelten Körper stopften. Sie hatten die Gräueltaten ihrer Peiniger überlebt und brachten sich jetzt in ihrem Essenswahn selber um. Einem gut genährten, intelligenten Menschen sagt der gesunde Menschenverstand, dass einem ausgehungerten Körper nur nach und nach Nahrung zugeführt werden darf. Für einen Körper, der sich nach Essen verzehrt, bedeutet jede Art von Nahrung Leben – je mehr, desto besser. Tatsächlich aber brachte sie so vielen meiner Mithäftlinge den Tod. Als Nächstes hatten sie die Kleiderkammer gestürmt. Sie rissen ihre erbärmlichen, verlausten Lumpen herunter und tauschten sie mit den Sachen, die ihnen einst genommen worden waren. Gepflegte Unterwäsche, warme Kleider und Hosen, Mäntel und Pelze, alles wurde in Beschlag genommen. Innerhalb von Minuten hatte jeder Nerz, jeder Persianer, jeder andere Pelzmantel einen Besitzer gefunden. Aber das Schicksal kann so grausam sein. Indem sie berührten, was ihnen rechtmäßig gehörte, verloren sie die Chance, ihre eingelagerte Habe zurückzubekommen. Unsere Befreier beschlagnahmten alles. Typhus und Cholera grassierten im Lager und alles und jeder war von Flöhen und Läusen befallen. Die Alliierten hatten keine Wahl, sie mussten alles verbrennen, damit die Seuchen sich nicht weiterverbreiteten. Zuerst konnte das niemand verstehen. Wurde uns immer noch unser Eigentum verweigert? Noch einmal wurde jeder gezwungen, seine Kleider abzugeben. Es war logisch, doch Logik spielte in unserem Leben in Belsen keine Rolle.

Für die Deutschen war es das Ende; für einige der Insassen buchstäblich auch, denn die »Kapos« wurden von denen gelyncht, die sie so gnadenlos getreten und geschlagen hatten. Von den übrigen Lagerinsassen waren viele zu krank an Körper und Geist, um zu begreifen, was geschah; sie wussten nicht, dass der Tag der Befreiung da war.

Ich schwebte durch einen dichten Nebel. Meine Augen flackerten, während ich versuchte festzustellen, wo ich war. War ich tot? Ich glaubte es nicht. Ich bewegte meinen Kopf und versuchte, mich umzuschauen. Hörte ganz in der Nähe leise Stimmen in mehreren Sprachen. Ob ich träumte? Als meine Augen endlich scharf sehen konnten, sah ich Krankenschwestern und Ärzte und Betten mit sauberen weißen Laken. Der Raum war lang gestreckt, wie eine Baracke, und die Patienten in den Betten um mich herum sahen aus wie Skelette. Als ich meinen Kopf bewegte, kamen mehrere Ärzte und Krankenschwestern zu mir. Sie sprachen mich freundlich in mehreren Sprachen an, und als sie merkten, dass ich Deutsch und Englisch verstand, fingen sie an, Fragen zu stellen. In dem sauberen, frischen, bequemen Bett fielen mir die Ereignisse der letzten Tage wieder ein. Ich erinnerte mich an die Männer mit den weißen Armbinden, die Ankunft der Alliierten und den Sturm auf die Lagerhäuser. Aber was machte ich hier? Wer waren diese Leute, diese Ärzte und Krankenschwestern?

Plötzlich begriff ich. Ich wusste es. Sie wollten mich für irgendein unaussprechliches Experiment benutzen. Ich wurde hysterisch, schrie, dass ich lieber sterben wolle, dass ich kein Opfer ihrer schrecklichen Experimente werden würde. Irgendwie schafften sie es, mich zu beruhigen und zu überzeugen, dass ich in einem richtigen Krankenhaus betreut wurde, wo es keine deutschen Wachen mehr gab. Schließlich begriff ich, dass ich in Sicherheit war.

Von überall auf der Welt kamen Ärzte und Schwestern, um den Opfern zu helfen, die die Hölle von Belsen überlebt hatten. Ich wurde gefragt, was geschehen war. Woher hatte ich meine Wunden? Wieso war meine Hand zerquetscht und verbrannt? Mir wurde erklärt, dass mein Bein in Gips gelegt worden sei, um es zu richten, aber dass ich später wahrscheinlich operiert werden müsse. Das Bein würde voller Narben sein und einen hässlichen Anblick bieten, aber ich würde bald wieder laufen können. Ich beantwortete, soweit ich konnte, alle Fragen und berichtete, was mit mir geschehen war. Als ich die übrigen leichenähnlichen Gestalten um mich herum sah, deren Rippen aus dem erbärmlichen papierartigen Fleisch herausragten und deren Gesichtshaut sich abschälte, wollte ich wissen, ob ich genauso aussah, und bat um einen Spiegel. Mir wurde gesagt, dass ich wegen des Typhusfiebers meine Haare verloren hätte, und sobald mein Haar nachgewachsen sei, einen Spiegel haben könnte, um mich selbst in Augenschein zu nehmen.

Langsam, allmählich brachten Fürsorge und Pflege meine Kräfte wieder zurück und ich machte Fortschritte. Möglicherweise ist ein jugendlicher Körper unverwüstlicher, so dass ich schneller genas als alle anderen und bald als »das Wunderkind« bekannt wurde – die jüngste Patientin in der ganzen Klinik. Jeder Besucher des Krankenhauses wurde zu mir geführt und wegen meiner Sprachkenntnisse konnte ich mich nützlich machen und dem Krankenhauspersonal bei seinen

Gesprächen mit Patienten und Besuchern dolmetschen. Ich wurde von allen verwöhnt und mit kleinen Geschenken überhäuft, mit Extrarationen und viel Aufmerksamkeit bedacht. Ich genoss die Freundlichkeit, aber ich begann mich zu fragen, wo meine geliebten Eltern und mein Bruder sein mochten. Waren sie noch am Leben und suchten mich, und würde ich sie je wieder sehen?

Eines Tages, als ich noch in der Klinik war, wurde ein bedeutender Besucher zu mir gebracht. Es war der Bürgermeister von Hannover – Major Tommy Chutter. Er kam öfter und tat alles, was er konnte, um denen zu helfen, die so abscheulich gelitten hatten. Jedes Mal sprach er auch mit mir, und eines Tages stellte er mir eine Frage, die für meine unmittelbare Zukunft außerordentlich entscheidend war – würde ich in eine Adoption durch ihn einwilligen? Ich bat ihn um Zeit, damit ich die Sache überdenken konnte. Am folgenden Tag kam Major Chutter mit einigen Freunden wieder, und ich entschied mich, seinen Vorschlag anzunehmen. Inzwischen war ich nicht mehr ansteckend und durfte das Krankenhaus verlassen. Mein Fuß war noch eingegipst, aber ich konnte damit laufen. Ich stellte nur eine Bedingung: Ich würde mich nicht von einem deutschen Arzt behandeln lassen. Die Erinnerungen waren noch zu lebendig und verständlicherweise empfand ich deutschen Medizinern gegenüber nur Misstrauen und Furcht. Es gab natürlich deutsche Ärzte und Krankenschwestern, die täglich Leben retteten und die Kranken gut versorgten, aber meine junge Seele war noch misstrauisch und ängstlich. Die einzigen Deutschen, denen ich getraut hätte, waren Nonnen. Mein Vater

Major T.S. Chutter, M.C.

hatte mir immer erzählt, dass man denjenigen trauen könne, die die Uniform Gottes trügen, ob sie nun Juden oder Nichtjuden seien. Jedenfalls wurde mein Wunsch respektiert und ich wurde nie von einem deutschen Arzt oder einer deutschen Krankenschwester behandelt. Noch lange Zeit machte mich sogar der Klang deutscher Stimmen nervös, auch als ich frei war und in Hannover lebte.

In der Obhut Major Chutters traf ich viele verschiedene Menschen; hohe Offiziere, Ärzte, Rote-Kreuz-Mitarbeiter, alle waren liebenswürdig und freundlich, so dass ich mich wohl fühlen konnte. Der Major tat sein Äußerstes, um all den Geretteten aus Bergen-Belsen zu helfen, die zu ihm kamen und um Arbeit und Hilfe baten. In meinem Fall, wahrscheinlich weil ich so jung war, waren seine Fürsorge und Aufmerksamkeit ganz besonders groß. Damit ich in seiner Obhut bleiben konnte, hatte mich der Major in die Arbeitslisten der örtlichen Hanomag-Fabrik eingetragen. Als ich kräftiger und beweglicher war, ging ich in die Fabrik, um meinen Teil an Arbeit zu leisten. Ich sollte feilen, aber da ich so etwas noch nie zuvor gemacht hatte, ließen die Ergebnisse meiner Bemühungen sehr zu wünschen übrig. Verzweifelt bat der verantwortliche Mann Major Chutter, mich zurückzunehmen. »Ich lasse ihren Namen auf der Liste«, sagte er, »aber bitte, tun Sie mir einen Gefallen und nehmen Sie sie wieder mit!« Also ging ich nach Hause.

»Zu Hause« war eine schöne Villa, in der ich mit ein paar anderen Mädchen wohnte, jede hatte ihr eigenes Zimmer. Eine Hand voll Offiziere wurde für uns abgestellt, um uns auszuführen, uns zu unterhalten und sich um unser Wohlbefinden zu kümmern. Ein Offizier namens Geoffrey Lesson nahm sich meiner an und sein Charme und seine Aufmerksamkeit waren in dieser Zeit physischer und geistiger Regeneration eine große Hilfe. Was muss ich für einen Anblick geboten haben! Ich glaube, dass er Mitleid mit diesem verwahrlosten Kind bekam, das ihm anvertraut wurde. Viel später erzählte er mir, wie ich in den ersten Tagen ausgesehen hatte, als mir niemand einen Spiegel geben wollte. Eine ausgemergelte, zerbrechliche kleine Gestalt, die Haut gelb und schuppig, mit einem Flaum von Haar, das gerade erst wieder zu sprießen begann. Das war Geoffreys erster Eindruck von mir!

Die Offiziere gingen mit uns schwimmen, in Konzerte, überallhin, wo wir uns an ein normales Leben gewöhnen und ein bisschen Freude haben konnten. Geoffrey schien mit mir mehr Zeit als mit den anderen Mädchen zu verbringen und ich wollte ihn nicht mehr missen. Ich betrachtete ihn als einen älteren Bruder und zwischen uns entstand eine besondere, bis heute währende Bindung.

Die Frau des Majors, Clover, kam eines Tages zu Besuch und ich wurde ihr vorgestellt. Wir sprachen über eine mögliche Adoption, und später schrieb sie mir die allerschönsten Briefe, in denen sie den Wunsch zum Ausdruck brachte, dass ich eines Tages ihre Adoptivtochter sein möge. Mich jedoch beschäftigte ununterbrochen die Frage, ob meine Eltern noch am Leben waren. Ich hatte das sichere Gefühl, dass dies der Fall war, und der Major tat alles in seinen Möglichkeiten Stehende, um sie aufzuspüren. Er benutzte die Militärpost, um Nachforschungen nach Simon und Sarika Lichtschein, geb. Kesztenbaum, anzustellen, aber die Nachrichtenverbindungen waren noch sehr langsam und unregelmäßig.

In diesen ersten Wochen nach der Befreiung schien die Zeit sehr schnell vorüberzugehen. Nach den elenden und gleichförmigen Monaten im Konzentrationslager war das Leben plötzlich wieder interessant und aufregend geworden. Nur in einem Punkt wurde ich empfindlich und das war der Mangel an Kleidung. Die anderen Mädchen schienen immer etwas anderes zum Anziehen zu haben, während ich nur mein Segeltuchkleid hatte. Wieso, fragte ich mich, hatten sie so viele verschiedene Sachen? Schüchtern erwähnte ich dies Major Chutter gegenüber, der aber zu dem Zeitpunkt auch keine Erklärung wusste. Doch schon bald fanden wir es heraus. Offenbar hatten die Mädchen deutsche Schneider gefunden und konnten sich im Tausch gegen ihre Zigaretten- und Eipulverrationen neue Kleider nähen lassen. Ich hatte nie eine Zigarettenration bekommen – vielleicht hatten die Mädchen gedacht, ich sei zu jung, und hatten meine Ration für sich behalten. Das wurde jedoch bald geändert und eines Tages trieb der Major Vorhangstoff auf und brachte mich zu einem Schneider. »Kleines Mädchen«, sagte er, »hier hast du schönen Stoff. Lass dir ein paar Kleider daraus machen. Du bist ja sehr schmal, da braucht man nicht viel.« Also entwarf ich mein erstes Kleid. Ich wollte ein Trägermodell, damit ich darunter verschiedene Blusen tragen konnte. So wurde mein erstes Kleid aus dem Vorhangstoff genäht und ich bezahlte mit meinen Eipulver- und Zigarettenrationen.

In unserer Villa waren noch alle Möbel und alle Sachen der deutschen Eigentümer, einschließlich ihrer Kleidung. Ich hätte jederzeit etwas von ihren Sachen anziehen können, aber ich erinnerte mich an die Lektion meines Vaters, nie etwas zu nehmen, was mir nicht gehörte. Wir waren alle darauf hingewiesen worden, die Deutschen nicht hereinzulassen, wenn sie ihre Sachen holen wollten. Eines Tages, als ich allein und die anderen Mädchen alle arbeiten waren, klopfte es an der Tür und ich machte auf. Vor mir stand ein älterer Mann mit angespanntem Gesichtsausdruck. Er sagte, das Haus gehöre ihm, und obwohl er wisse, dass er es nicht betreten dürfe, bat er mich, ihm ein paar Laken für seine Familie herauszugeben, weil er sich keine neuen leisten könne. Er wirkte ehrlich besorgt, und ich wusste nicht, was ich tun sollte. Meine Entscheidung war dann übereilt und dumm, aber ich sagte, er könne hereinkommen und sich seine Sachen heraussuchen. Ich erzählte niemandem von diesem Vorfall und war danach immer etwas unruhig, wenn ich allein im Haus war. Er kam noch einmal, und wieder ließ ich ihn ein und sagte ihm, er könne nehmen, was er wolle. Vielleicht hätte ich nicht solches Mitleid mit ihm haben sollen. Denn nachdem die Soldaten abgezogen waren, wurden ihm sein Haus und seine Sachen zurückgegeben, im Gegensatz zu den Juden, deren Häuser geplündert und für immer konfisziert oder zerstört worden waren.

Trotz meiner neuen Kleider fühlte ich mich immer noch ein bisschen wie das hässliche Entlein. Wenn die anderen Mädchen zu einer Party gingen, blieb ich allein zu Hause. Zu den Menschen, bei denen ich mich immer willkommen fühlte, gehörte eine der Sekretärinnen des Majors. Sie war eine sehr attraktive Frau, die ihn überall bei seinen Amtsgeschäften begleitete. Beide wurden immer mit »rotem Teppich« empfangen, und ich war so oft wie möglich dabei, fuhr wie ein kleines Maskottchen in ihrem Jeep mit. Die Sekretärin war ein bisschen älter als ich und sehr liebenswürdig zu mir. Wir sind heute noch eng befreundet.

Die Monate vergingen und ich gewöhnte mich an mein neues Leben. Ich war so glücklich, wie die Umstände es erlaubten, und dann geschah etwas, was mein Glück vollkommen machte. Es gab Nachricht von meinen Eltern. Sie lebten! Viele sorgenvolle Monate hatten sie damit verbracht, mich aufzuspüren, und schon beinahe die Hoffnung aufgegeben, als sie endlich meinen Brief durch die Militärpost erhielten.

Ich war außer mir vor Freude, die allerdings durch die Mitteilung getrübt wurde, dass mein Bruder tot war. Der Major überbrachte mir die Nachricht, wobei er offensichtlich ganz gemischte Gefühle hatte. Er freute sich für mich, dass ich meine Eltern wiedergefunden hatte, war aber traurig, weil ich nun nicht seine Tochter werden konnte.

Als ich wieder bei Kräften war, fing ich an zu arbeiten und bereitete alles vor, um meinen Vater in Prag zu treffen. Das Warten zog sich über Wochen, dann Monate hin, denn Reisen war immer noch nicht leicht, und der Major wollte, dass meine Fahrt bequem und sicher war. Mein Vater konnte jedoch nicht länger in Prag warten. Er musste mit meiner Mutter nach Ungarn zurückkehren, um seine Arbeit fortzusetzen, also ließ er beim Roten Kreuz eine Nachricht zurück, dass er mich in Prag treffen würde, sobald ich mich auf den Weg machen könnte.

Major Chutter versprach, mir ein Paket Essen mitzugeben, denn Lebensmittel waren in Europa extrem knapp. Der Tag meiner Abreise brach an. Ich sammelte meine paar Sachen zusammen, einige Bilder, meine Kleider und das Essenspaket. Unser Abschied war erfüllt von schmerzlichen Erinnerungen. Mein Wohltäter betrachtete mich liebevoll, dieses einst so verwahrloste Kind, das er beinahe adoptiert hätte. Das hässliche Entlein war endlich auf dem Weg nach Hause.

Auf der Fahrt musste ich mehrfach umsteigen. Die Reise wurde durch endloses Warten auf Züge, die nicht kommen wollten, in die Länge gezogen. Die Waggons waren überfüllt von Soldaten, die in diversen Richtungen unterwegs waren. Eines Nachts, als ich schlief, wurde mir meine kleine Segeltuchtasche gestohlen. Alles, was ich auf der Welt besaß, war in dieser Tasche. Bilder, das Amulett von Alex Petrushka und die Lebensmittel von Major Chutter. Ich weinte bitterlich. Ich glaube, alle hatten Mitleid mit mir, als sie mich weinen sahen, aber alles Suchen blieb vergeblich. Wieder einmal hatte ich all meinen Besitz verloren.

Wiedersehen

Major Chutter hatte meinem Vater geschrieben, er solle mich in drei Wochen in Prag erwarten. Wegen der Unregelmäßigkeit und Unzuverlässigkeit der Züge war es unmöglich, ein genaues Datum zu vereinbaren, geschweige denn eine genaue Uhrzeit, so dass mein Vater nach Prag gefahren war und damit rechnete, zwei oder drei Tage lang warten zu müssen. Nachdem er eine Woche lang ängstlich Nachforschungen angestellt, die Anzeigetafeln an allen Ankunftsorten gelesen und jeden Zug am Bahnhof abgewartet hatte, konnte er nicht länger bleiben. Traurig und niedergeschlagen kehrte er zu meiner Mutter zurück – allein.

Als ich endlich in Prag ankam, fand ich überall besorgte Nachrichten meines Vaters vor. An jedem Ankunftsort hatte er hinterlassen, was ich tun und wen ich kontaktieren sollte. Er hatte in dem einst führenden privaten Hotel in Prag gewohnt. Die Frau des früheren Eigentümers, selbst Jüdin, stammte aus demselben Vorort wie er. Offenbar arbeiteten noch ein oder zwei der früheren Angestellten dort, denn mein Vater hatte einem der Portiers Nachrichten und etwas Geld für mich anvertraut. Ich hatte die Wahl, in dem Hotel oder in einer Transitunterkunft für Leute wie mich unterzukommen. Ich beschloss, in der Transitunterkunft zu bleiben, die wohl in früheren Tagen ein Hotel oder eine große Pension gewesen war. Nun gab es Probleme, weil ich überhaupt keine Ausweise hatte, ich hatte keine legale Existenz! Jedoch erwies sich das Papier, das mir Major Chutter mitgegeben hatte, als annehmbar; ich bekam saubere Kleidung, Essen und ein Bett und richtete mich ein, die Ankunft meines Vaters abzuwarten. Seinen Anweisungen zufolge rief ich von einem der Rote-Kreuz-Zentren in Budapest an und ließ meinem Vater ausrichten, dass ich angekommen war. Das an sich war schon eine schwierige Angelegenheit. In Hannover hatte ich bei allem immer auf den Major oder seine Adjutanten rechnen können; hier war ich auf mich selbst gestellt und musste alles allein regeln.

Ich ruhte mich aus und machte die Bekanntschaft meiner Nachbarn, die wie ich auf das Wiedersehen mit ihren Familien und Freunden warteten. Alle schienen gleichermaßen von Überdruss und geistiger Erschöpfung gequält zu sein. Eines Tages, als ich auf meinem Bett lag und überlegte, wie lange mein Vater wohl brauchen würde, fiel mein Blick auf die Tür. Ein Mann betrat den Raum. Mein Herz stand still und ich hielt den Atem an. Er war es. Mir schwindelte, als ob plötzlich alle Energie aus meinem Körper geflossen wäre. Ich wollte ihm zurufen und sagen, dass ich hier war, dass seine kleine Agnes auf ihn wartete! Jeder sollte erfahren, dass er gekommen war, dass dieser Mann mein Vater war und wirklich zu mir gekommen war. Aber ich konnte mich nicht rühren. Ich war wie gelähmt. Es war, als ob mein Körper mit dem Bett verschmolzen war. Meine Lippen bewegten sich, aber es kam kein Laut heraus.

Mein Vater sah so aus, wie ich ihn mir immer vorgestellt hatte, in den Konzentrationslagern, während der Zeit in Hannover, auf der Bahnfahrt nach Prag, in der letzten Woche, gestern, heute, jetzt! Dieser ordentlich gekleidete Mann, der sich gespannt umschaute, dessen liebes Gesicht durch die vom Krieg gezogenen tiefen Furchen älter wirkte, als es war, dieser kleine weißhaarige, blauäugige Mann war mein Vater. Ich spürte heiße Tränen in meine Augen steigen und dann platzte plötzlich der Knoten in meinem Hals. Ich hörte eine Stimme schreien: »Papa!«, und merkte, dass es meine Stimme war. Sie schallte durch das Zimmer, und es war, als ob Zeit, Leben, Geräusche und Bewegung angehalten wurden. An Möbeln und erstaunten Gesichtern vorbei rannte ich auf ihn zu. Von hysterischem Schluchzen erschüttert, hingen wir aneinander, Freud und Leid vermischten sich und schwemmten uns in ein Meer von Tränen. Ich legte meinen Kopf an seine Brust, wobei ich die Arme wild um seine Taille presste. Immer wieder schluchzte ich »Papa, Papa«, während er mein Haar küsste und streichelte, mein Gesicht, meine Hände, und mich besänftigte und beruhigte. Ich schaute in seine blauen Augen, in denen Tränen schimmerten und sich meine eigenen unausgesprochenen Gefühle spiegelten. Im Zimmer war es still geworden, aller Aufmerksamkeit war auf uns gerichtet und viele Gesichter waren von Mitleid tränennass. Nachdem die lang aufgestaute Spannung abgeflossen war, gingen wir zu meinem kleinen Bett und setzten uns. Mein Vater erzählte mir, was mit ihm und meiner Mutter geschehen war, nachdem sie mich und meinen geliebten Bruder verloren hatten. Ihr Alltag war weitergegangen, doch lebten sie nicht wirklich. Das Leben schien ihnen bedeutungslos geworden, all ihre Lebensgeister hatten sie verlassen. Die Stellung meines Vaters hatte sie vor der Deportation bewahrt, aber auch so war das Leben schwer, und sie mussten praktisch alles verkaufen, was sie besaßen, um überhaupt existieren zu können. Er erzählte mir, welche Pläne er für mich gemacht hatte und welche Schule ich besuchen würde. Es war eine besondere Schule für Kinder wie mich, die wegen des Krieges ihre Ausbildung hatten unterbrechen müssen. Sie war hier in Prag und hatte sich zur Aufgabe gemacht, unsere Wissenslücken durch intensiven Unterricht aufzufüllen.

Nach einer Weile nahm er mich mit in das Hotel, in dem er wohnte, und bereitete die Reise nach Budapest vor. Bevor wir abfuhren, brachte er mich zu der Familie, bei der ich während des einen Schuljahres wohnen sollte. Sie schienen ganz in Ordnung zu sein, das Haus war sauber, modern und sehr nah an der Schule, aber ich hatte das Gefühl, dass sie mir gegenüber recht kühl waren. Ich sagte nichts zu meinem Vater, aber ich spürte instinktiv, dass ich dort nicht glücklich werden würde.

Die Fahrt nach Budapest war nicht weniger kompliziert als die von Hannover nach Prag. Ich dachte an meine Mutter und an das Leid, das sie durchgemacht hatte, und versuchte mir vorzustellen, wie das Naziregime mit seinen Restriktionen, seinen Quälereien und äußersten Grausamkeiten den Juden gegenüber ihre Persönlichkeit beeinflusst haben mochte. Schon als ich noch zu Hause war, hatte sie aufgehört zu lächeln. In meiner Erinnerung war sie sehr ernst, während mein Vater immer versucht hatte, meinen Bruder und mich zum Lachen zu bringen, irgendeine Form von Spaß zu erfinden. Ich dachte an die Dinge, die die Veränderung meiner Mutter bewirkt hatten. Unser Haus war eine Fluchtburg für alle möglichen Leute gewesen, die auf falsche »arische« Papiere warteten. Obwohl mein Vater es sich zur festen Regel gemacht hatte, meine Mutter nie wissen zu lassen, was er tat – für den Fall, dass sie von der Polizei verhört werden würde –, stand sie trotzdem unter großer Spannung. Es war an sich schon eine Belastung, Jüdin zu sein, keine Lebensmittelzuteilung zu bekommen, kein normales Leben führen zu können. Nie zu wissen, ob man nicht von einer Minute zur anderen zum Verhör festgenommen, geschlagen oder getötet wurde. Dann der Schock, beide Kinder zu verlieren, eines erschossen, das andere spurlos verschwunden. Ich fragte mich, was ihr wohl durch den Kopf ging, während sie auf uns wartete. Mein Vater hatte ihr gesagt, sie solle uns zu Hause erwarten, denn bei dem Zustand der Fahrpläne war es unmöglich, zu sagen, an welchem Tag wir kommen würden. Aber ich wusste, sie würde am Bahnhof sein. Welche Mutter würde nicht da sein wollen, um die Tochter abzuholen, die sie tot geglaubt hatte? In Erwartung einer erneuten, höchst gefühlsbeladenen Szene fing ich an, mich auf unser Wiedersehen vorzubereiten. Als ich mir vorstellte, welches Herzleid meine Eltern ertragen mussten, schienen meine eigenen Probleme zu schwinden. Ich dachte an meine Verwandten und Freunde, die ihre Lieben verloren hatten oder immer noch nicht wussten, ob sie lebendig oder tot waren, erschossen oder in Deutschlands großen Öfen verbrannt oder noch im Strom der Flüchtlinge schwammen. Jeder musste seine eigene Hölle durchmachen, und eine Erholung – wenn überhaupt möglich – würde lange Zeit brauchen. Während ich mich geistig darauf einstellte, meine Mutter wieder zu sehen, hob sich meine Stimmung, und ich wurde aufgeregt, als der Zug sich Budapest näherte. Mein Vater versuchte meine Aufregung zu dämpfen, wiederholte, dass meine Mutter zu Hause auf uns warten würde. Als wir auf den Bahnsteig traten, kümmerte er sich um unsere paar Sachen und ich durchforschte gespannt die Gesichter der wartenden Menge. Plötzlich hörte ich jemanden meinen Kosenamen rufen und ich sah meine Mutter auf uns zurennen. Trotz meiner Selbstdisziplin reagierte ich heftig. Unser Wiedersehen war voll unendlicher Freude, in die sich ein Gefühl von Verlust und tiefer Trauer mischte. Wir umarmten einander und hingen aneinander, weinten laut und lange, ließen mit den Tränen unserem Kummer und den Erinnerungen freien Lauf. Ich trauerte um den Verlust meines Bruders, meine Mutter um den Mord an ihrem einzigen Sohn und erstgeborenen Kind. Alle aufgestauten Emotionen, die so lange unterdrückt gewesen waren, wenn auch nur unter der Oberfläche, drängten in diesem Moment unseres Wiedersehens heraus. Als unser Schluchzen nachließ und dem Gefühl der Erleichterung Platz machte, fragten wir einander nach den Ereignissen in der Vergangenheit und Gegenwart. Im Taxi auf dem Weg nach Hause sprachen wir über unsere Freunde und Verwandten, die überlebt hatten. Was war aus ihnen geworden? Wie viele – oder wie wenige – waren übrig geblieben?

Meine Mutter erzählte mir von Leuten, die vor dem Krieg ein gutes, komfortables, bürgerliches Leben geführt hatten und nun unter drastischen Einschränkungen leben mussten. Alles, was sie besessen hatten, war geplündert, zerstört oder konfisziert worden. Das Leben war hart, Nahrungsmittel knapp und die Erinnerungen lasteten immer noch wie Alpträume auf ihnen. Es war gefährlich, in guten Kleidern oder mit irgendwelchen Wertgegenständen auf die Straße zu gehen, weil man ausgeraubt werden konnte. Mein Vater hatte ein Erlebnis, das beim Erzählen ganz lustig klang, tatsächlich aber erschreckend und beschämend war. Eines Tages, ein paar Stunden nachdem er zur Arbeit gegangen war, hörte Mutter die Türklingel. Als sie durch den Spion schaute, entdeckte sie zu ihrem Erstaunen meinen Vater, der barfuß und ohne Hose den Mantel eines Eisenbahners um sich schlang. Das war ein so komischer Anblick, dass sie in hilfloses Gelächter ausbrach und es nicht fertig brachte, die Tür zu öffnen, sehr zum Verdruss meines Vaters, der zitternd draußen stand! Wie sich herausstellte, war er mit dem Zug zur Arbeit gefahren, als ein Mann sein Abteil betrat und ihn zwang, Schuhe und Kleider auszuziehen und ihm auszuhändigen. Mein Vater borgte sich den Mantel eines Eisenbahners, so dass er nicht völlig nackt nach Hause gehen musste. Obwohl meine Mutter beim Anblick meines Vaters in hysterisches Lachen ausgebrochen war, war sie doch sehr erleichtert, dass er wenigstens keiner körperlichen Gewalt ausgesetzt gewesen war. Andere hatten nicht so viel Glück.

Als wir in der Wohnung ankamen, erwartete uns ein wunderschönes Essen und ich ließ mir Mutters Küche schmecken. Andauernd platzten Freunde und Nachbarn herein, um mich willkommen zu heißen; an einige erinnerte ich mich, mit anderen war ich zusammen in der Schule gewesen, einige hatten sich so verändert, dass ich sie nicht wieder erkannte. Die gesamte Atmosphäre war voller Wärme und Wiedersehensfreude. Vor dem Krieg hatten wir wertvolle Möbel und Gemälde besessen. Jetzt waren die Wände kahl und die Räume karg möbliert. Mein treu sorgender Vater hatte früher oft ein Gemälde oder ein Möbelstück mitgebracht und so unseren Hausstand bereichert. Ich erinnerte mich an einen Stuhl, den er gekauft hatte, er hatte im Flur gestanden und ich hatte ihn besonders gerne gemocht. Ein stattlicher, eindrucksvoller Stuhl, handgeschnitzt und offenbar von einem Meisterhandwerker entworfen, der für die Habsburger in Wien Möbel herstellte. Auch dieser Stuhl war verschwunden. Trotz der materiellen Armut war unsere Wohnung an dem Tag ein glückliches Heim. Die Liebe verband unsere Familie zu einer Eintracht, die durch die tragischen Ereignisse, die wir hatten erleiden müssen, noch tiefer, noch wertvoller geworden war. Als ich in jener Nacht in meinem Bett lag, spürte ich einen Frieden und eine Behaglichkeit, die ich schon beinahe vergessen hatte. Mein eigenes Zimmer, und meiner geliebten Mutter und meinem geliebten Vater ganz nahe. Ich schloss die Augen und kuschelte mich in die weiche Decke. Ich war mit der Welt versöhnt.

Länger als ursprünglich beabsichtigt, blieb ich bei meinen Eltern und verpasste daher den Beginn des neuen Schuljahres. Insgeheim war ich ausgesprochen erleichtert, dass ich nicht nach Prag zurückmusste. Ich war nicht sehr erpicht darauf, mit der Familie zusammenzuwohnen, die ich dort kennen gelernt hatte. Stattdessen traf ich mich in Budapest mit meinen alten Freunden, fand ein paar neue und fing an, mich wieder an ein normales Familienleben anzupassen. Alle versuchten nach Kräften, die Vergangenheit auszublenden, die Erinnerungen zu begraben und ein neues Leben zu beginnen.

Auch meine Eltern fingen an, sich mit Freunden aus der Vergangenheit zu treffen, mit Leuten, die während der schwierigen Zeiten wirklich versucht hatten zu helfen und sich dabei oft selber in Gefahr gebracht hatten. Langsam regte sich wieder Leben in Budapest. Wir gingen ins Theater oder in Konzerte, ließen uns in den fröhlichen Augenblicken von uns und unseren Gedanken ablenken. Obwohl der große Stil der Vorkriegszeit, als sich alle Leute fürs Theater großartig herausputzten, nicht mehr eingehalten werden konnte, zogen wir uns so gut wie möglich an und genossen das Wiederaufleben von Kultur und Unterhaltung. Die Alten und Jungen taten sich zusammen, um gemeinsam von neuem gesellschaftliches Leben zu organisieren. Das Lachen kehrte in unsere Häuser und Straßen zurück, wir liefen nicht mehr ängstlich oder unterwürfig herum. Manchmal fühlte ich einen Moment des Glücks, wenn ich meine Mutter lachen sah, scheinbar frei von allem Schmerz und Kummer der Vergangenheit. Dann aber bemerkte ich ihre traurigen Augen, die ihre wirklichen Gefühle zeigten. Sie erzählte mir einmal, trotz aller Freuden, die sie erleben mochte, trotz aller Zeit, die verstrich, vergehe kein Tag ihres Lebens, ohne dass sie das Gefühl habe, ihr Herz würde von neuem über den Schmerz meines verlorenen Bruders brechen. Es sei völlig egal, unter welchen Umständen der Tod eintreffe, sagte sie, niemand vergesse je sein Kind, aber wenn ein Kind ermordet wurde, so wie ihr Sohn, dann bleibe ein unauslöschlicher Schmerz zurück.

Ich versuchte, mich an mein neues Leben zu gewöhnen. Ich war vierzehn, fühlte mich aber viel älter; meine Erfahrungen hatten mich reifer gemacht. Ich freundete mich mit einem Jungen an, den ich von der Schule kannte, als ich noch viel jünger war, und wir fingen an, uns häufig zu treffen. Er war nichtjüdisch und stammte aus einer sehr netten Familie, aber ich glaube, meine Eltern befürchteten, dass ich mich zu sehr auf ihn einließ. Mein Vater hatte nie Vorurteile gegen Nichtjuden gehabt, er hatte sogar bei seinen Aktivitäten während des Krieges vielen geholfen, dem Tod zu entfliehen, aber verständlicherweise hatte er genaue Vorstellungen, was er für sein einziges Kind wünschte. Schließlich hatte ich ja wegen der Tatsache, dass ich Jüdin war, so viel gelitten, und er wollte nicht, dass ich eine romantische Beziehung zu jemandem hatte, der nicht unseres Glaubens war. Außerdem war ich noch viel zu jung, um mich auf etwas Ernsthaftes einzulassen, und musste ja noch meine Schulausbildung zu Ende bringen. Ich glaube, meine Eltern waren sehr glücklich, als es Zeit für mich wurde, nach Prag zur Schule

Während der Schulzeit in Prag.
Agnes versteckt ihr Bein im Gras.

zu gehen. Wir fanden ein nettes älteres Ehepaar, bei dem ich unterkommen konnte. Mein Zimmer war sauber und hübsch mit seinen gekräuselten Gardinen, einem riesigen Bett und einem Tisch mit einer gestickten Tischdecke. Ich mochte die alte Dame bald sehr gern. Zunächst sollte ich ein Semester lang einen Kurs absolvieren, dann nach Budapest zurückkehren und die Ferien dort mit meinen Eltern verbringen, um danach meinen Schulbesuch in Prag abzuschließen. Die Kurse liefen kontinuierlich hintereinander, so dass die Schüler jederzeit einsteigen konnten, um dann unter Umständen ein Jahr später die Ausbildung fortzusetzen. Ich war lernhungrig und begierig, die verlorene Zeit aufzuholen. In Mathematik, Naturwissenschaften, Geschichte und Literatur wurden Intensivkurse angeboten. Nachdem mir eine normale Schullaufbahn versagt worden war, schien ich nun dieses Festmahl des Lernens, das vor mir ausgebreitet wurde, nicht schnell genug verschlingen zu können. Mit jugendlicher Ungeduld wollte ich, dass alles auf einmal geschah, aber meine Erfahrungen der Vergangenheit hatten mich gelehrt, dass alles seine Zeit braucht. Ich hatte so viel Stoff zum Nachdenken, so viel zu lernen, dass die Zeit vorbeiraste und aus Wochen Monate wurden. Ich beobachtete die Verhaltensweisen der Menschen um mich herum genauer und wurde mir zunehmend stolzer meiner jüdischen Identität bewusst. Meine Erfahrungen in den Händen der Nazis hatten mich zu einer sehr empfindsamen Frau gemacht. Es schmerzte, wenn Freunde, die ich vor der Besatzung durch die Nazis gekannt hatte, nicht mehr mit mir sprechen wollten. Waren es Schuldgefühle oder die Indoktrination der Nazis, die sie dazu brachten, mir aus dem Weg zu gehen? So hatte ich nicht sehr viele enge Freunde, mit denen ich ausgehen konnte, und verbrachte die Abende meist allein und lernte. In meiner Erinnerung ist der Winter kalt und hart gewesen, und es gab wenig Geselligkeit, um die dunklen Abende aufzuhellen.

Wie die meisten jungen Mädchen hatte ich Hoffnungen und Träume für die Zukunft, und ich sehnte mich nach jemandem, mit dem ich meine Zeit und meine Gedanken teilen konnte; nach jemandem, mit dem ich reden und lachen und dem ich vertrauen konnte. Ich suchte nicht aktiv nach einem solchen Menschen, aber ich hatte immer den Glauben, dass ich eines Tages jemandem ganz Besonderen begegnen würde.

Begegnung in Prag

Eines Tages, als ich aus der Schule kam, blieb ich einen Moment auf der Straße stehen, um zu entscheiden, welche Richtung ich einschlagen sollte. Da ich nicht sofort in mein kleines Zimmer zurückkehren wollte, dachte ich, ich könnte mich eine Weile umschauen. Prag war eine so wunderschöne Stadt gewesen, die »goldene Stadt« wurde sie genannt. Schon früher hatte ich die Stadt besichtigt und ihre herrliche Architektur bewundert, ihre Atmosphäre und unvergessliche Schönheit genossen. Doch unter den Umständen, die mich jetzt hierher geführt hatten, betrachtete ich meine Umgebung mit recht gemischten Gefühlen. In diesem verworrenen Moment lernte ich Oldo kennen, einen jungen tschechischen Medizinstudenten, den ich von Zeit zu Zeit flüchtig gesehen hatte. Er war hinter mir die Treppe heruntergekommen und bemerkte offenbar meine Verwirrung. Er grüßte mich und bot mir mit ausgesuchter Höflichkeit seine Hilfe an. Er war von schmächtiger Gestalt mit dunkelblondem Haar, dünnen Lippen, perfekt geformten Zähnen und hatte die eindrucksvollsten blaugrünen Augen, die ich je gesehen habe. Es waren Augen, die alles bemerkten, und jetzt beobachteten sie mich. Irgendetwas in seinem Gesicht zog mich an; irgendein Zauber, der diesen unglaublichen Augen entsprang, sagte mir, dass er irgendwie anders war und dass ich sein Angebot ruhig annehmen konnte. In einer Sekunde hatte mich dieser junge Tscheche erobert. Ich, die ich normalerweise so unabhängig und nie auf fremde Hilfe angewiesen war, akzeptierte erfreut seine Dienste als Führer. Oldo war ein echter Patriot; stolz auf sein Heimatland und auf Prag. Wir sprachen über die Schönheit der Stadt, und er brachte mich zu der alten Synagoge, von der die Legende vom Golem* ausging. Wir liefen und redeten. Oldo erzählte mir aus der Geschichte Prags, von den Gebäuden, den Denkmälern und den Menschen der Stadt. Ich verfiel dem Zauber von Prag und war von Oldo verzaubert. Während wir durch die großen und die kleinen Straßen und die winzigen, krummen Gassen spazierten, sprachen wir über die Vergangenheit und die Gegenwart, ohne das Entsetzen der Naziokkupation zu erwähnen, als ob wir stillschweigend ein Abkommen geschlossen hätten. Auf diesem unausgesprochenen Verständnis beruhte

* Als das Prager Ghetto angegriffen wurde und sie anfingen, die Menschen dort reihenweise umzubringen, legte der Rabbi Loeb seine Gemarah beiseite, ging auf die Straße und hielt vor einem Lehmhaufen an, eine Tonfigur zu formen. Er hauchte ihr Leben ein und das golem (hebr.: formlose Masse) fing an, sich zu bewegen. Es verließ das Ghetto, nachdem der Rabbi ihm einen Namen ins Ohr geflüstert hatte. Das golem fiel über unsere Feinde her, als es aber nicht einhalten wollte zu töten, flüsterte der Rabbi ihm abermals etwas ins Ohr, seine Augen schlossen sich, seine Seele verließ seinen Körper und es verwandelte sich wieder in ein golem aus Ton. Man vergaß es nicht, es blieb auf dem Boden der Prager Synagoge bis heute versteckt. Doch der Name, der ihm einst eingehaucht wurde, ist verschwunden. Niemand kann es mehr berühren. Was also ist zu tun? (Anm. d. Verlages, nach I. L. Peretz)

mein Gefühl, dass er wusste, dass ich Jüdin war, aber ganz sicher war ich mir nicht.

Als der Abend hereinbrach und es kühler wurde, zog er seinen Mantel aus und legte ihn um meine Schultern. Ich spürte eine warme Zuneigung zu ihm, zu diesem jungen Mann, den ich gerade erst kennen gelernt hatte, aber schon ewig zu kennen schien. Nach Jahren der Qual und geistiger Folter, so schien es mir, erfuhr ich nun das Glück, nach dem ich mich gesehnt hatte. Als er mich in seine Arme nahm und ich in seine Augen sah, fühlte ich einen Zauber wie nie zuvor. Wie Champagner in der Flasche schäumte der Wunsch nach Freiheit in mir. Ich wollte frei sein zu lieben, frei sein für ein Leben, das mir so lange versagt worden war.

Wir saßen eine Weile am Ufer der Moldau unter dem hell erleuchteten Hradschin. Die Burg beherrschte die Stadt und auch jetzt hielt sie wie ein kühner Posten Wache. Es war wie ein Traum. Oldo legte schützend seinen Arm um mich und ich war absolut und vollkommen glücklich. Er erzählte von seiner Familie, die mir sofort lebendig wurde, von seinen Plänen, seinem Land, und ich erzählte von mir und meiner Familie. Ich sprach kaum von den Verfolgungen, die wir erlitten hatten, und auch die Konzentrationslager erwähnte ich nur beiläufig. Er wusste, dass ich dort gewesen war, aber galt das nicht auch für Millionen andere, Juden und Nichtjuden gleichermaßen? Es hatte so viele Gründe gegeben, jemanden einzusperren. Und zu jenem Zeitpunkt verspürte keiner von uns beiden den Wunsch, darüber zu sprechen. Wir wollten über angenehme Dinge reden, von Schönheit und Glück.

Wir verstanden einander, als hätten wir uns seit Anbeginn der Zeit gekannt.

Am nächsten Tag kam mein Vater, um mich zurück nach Budapest zu holen, denn er wusste, dass ich in dem einen Jahr mit dem Lernen sehr gut vorangekommen war. Später könnte ich dann nach Prag zurückkehren, um weiterzumachen. Wir wohnten im Alcron, dem führenden Hotel in Prag. Es war ein wunderschönes, wenn auch recht bewegendes Wiedersehen. Es war einige Zeit her, dass ich meine Eltern gesehen hatte, und unser erneutes Zusammentreffen brachte die Erinnerung an die Vergangenheit zurück. Mein Vater war bitter enttäuscht, als ich ihm erzählte, dass ich in Prag bleiben wollte. In Budapest waren meine Erinnerungen an Furcht und Erniedrigung zu lebendig. Der Schock, mit elf Jahren plötzlich deportiert zu werden, der Schrecken der Gewaltmärsche zur österreichischen Grenze; dies waren Dinge, die ich nicht vergessen konnte. Außerdem war ich glücklich in Prag. Ich mochte meine Schule, genoss das Lernen und hatte vor, noch ein Jahr zu bleiben, um die Schule abzuschließen, mit Ferien zwischendrin. Natürlich hatte ich jetzt noch einen anderen Grund zu bleiben; ich hatte Oldo kennen gelernt. So bat ich meinen Vater, mich noch ein Jahr bleiben zu lassen. Ich hatte das Gefühl, nicht nach Budapest zurückkehren und den einstigen Freunden und Nachbarn begegnen zu können, die daneben gestanden und unbeteiligt zugesehen hatten, wie die Nazis meine Familie auseinander rissen. An einem Ort, der voll so bitterer Erinnerungen war, könnte ich nicht in Ruhe leben. Mein Vater war ein echter Ungar; ich war in der Tschechoslowakei geboren und fühlte mich in Prag zu Hause. Ich hatte ein schlechtes Gewissen, weil ich nicht mit meinem Vater fahren wollte. Mir war klar, wie sehr meine Eltern sich nach mir sehnten, besonders nach der langen Trennung, die wir hatten erfahren müssen, doch tief in mir spürte ich, dass ich nur glücklich sein würde, wenn ich in Prag bliebe.

Ich verlor keine Zeit, Oldo meinem Vater vorzustellen. Am Samstagabend gingen Oldo und ich wie verabredet aus, erst zum Essen, dann zum Tanzen. Mein Vater war nicht glücklich darüber, er machte sich Gedanken, ohne mich nach Budapest zurückkehren zu müssen, das wusste ich. Beim Essen war ich deshalb sehr nachdenklich und hatte keinen Appetit. Oldo war freundlich und aufmerksam, geistreich und leidenschaftlich zugleich. Schon bald hatten sein Charme und seine Begeisterung meine Stimmung verändert, und ich begann, den Abend zu genießen. Oldo erklärte mir seine Liebe und sagte, er würde für den Rest unseres Lebens für mich sorgen. Seine Worte bewegten mich. Er empfinde eine Leidenschaft, sagte er, wie er sie noch nie zuvor erlebt habe. Ich lauschte ihm wie in Trance. Obwohl ich viel jünger war als er, fühlte ich mich in dem Moment älter und weiser. Ich spürte, wie meine Seele sich in ihm widerspiegelte, und in mir regten sich Erinnerungen an Alex Petrushka. Ich erwiderte Oldos Gefühle. Beim Tango in seinen Armen zu liegen war wie ein Rausch. Nach all dem Schrecken meiner Kindheit war das Leben plötzlich schön.

Wir sprachen über unsere Zukunft und Oldo machte mir einen Heiratsantrag. Ich war von seinen Worten überwältigt. Obwohl ich zu diesem Zeitpunkt noch nicht an Heirat dachte, denn ich war zu jung, wollte ich ihn nicht verletzen oder enttäuschen. Ich war tief gerührt und hell aufgeregt über diesen ersten Heiratsantrag meines Lebens. Oldo schaute mich mit flehenden Augen an und wartete auf ein Jawort. Meine überstürzte Antwort: »Oldo, ich bin jüdisch.«

Ich spürte, wie er augenblicklich erschrak, dies aber zu verbergen suchte. Den Schatten, der auf sein hübsches Gesicht gefallen war, fühlte ich mehr, als dass ich ihn sah. Mich fröstelte plötzlich; ich war nicht mehr das verliebte Mädchen von eben.

Oldo war ein junger, demokratischer tschechischer Patriot. Er hatte allen Grund, die ehemaligen Besatzer seines Landes zu hassen, und er verabscheute den Nationalsozialismus. Er hatte nicht die Spur antisemitischer Gefühle und doch schien allein das Wort »jüdisch« tief in seinem Innern etwas ausgelöst zu haben. War es das Ergebnis der alles durchdringenden Nazipropaganda, die über die Jahre alle angesteckt hatte? Oder war es lediglich der unkontrollierte Ausdruck eines jahrhundertealten latenten Antisemitismus? Ich hatte weder die Zeit noch den Wunsch, seine instinktive Reaktion auf das Wort »jüdisch« zu analysieren. Zwischen uns beiden schien sich ein unsichtbarer Graben geöffnet zu haben. Ich war mir voller Stolz bewusst geworden, dass ich Jüdin war. Oldo hatte mir geholfen, meine Identität wieder zu finden.

»Ich bin bereit, zum Judentum zu konvertieren, wenn du das möchtest, Agnes«, sagte er. Aber er sagte es mit einem Lächeln, fast wie einen Scherz.

Ich gab ihm das Gefühl, alles sei vergeben. Doch es

gab ja gar nichts zu vergeben. Er wollte mich nicht beleidigen, aber wie konnte er wissen, wie ich mich fühlte?

Es war drei Uhr früh, als er mich zum Alcron Hotel zurückbrachte. Er sagte, dass er mich am Montagmorgen abholen und zur Villa seiner Eltern bringen würde. Ich könnte dort während des kommenden Schuljahres so lange bleiben, wie ich wollte. Er wartete sogar auf der Straße, bis ich mich aus dem Fenster meines Hotelzimmers lehnte und ihm zum Abschied winkte. Ich schaute zu, wie sein Taxi Richtung Marktplatz losfuhr. Ich fing an, eine Melodie zu summen, vielleicht ein bisschen zu heiter, um mir selber zu beweisen, dass alles vorüber war. Es war eine falsche Fröhlichkeit und ich wusste es. Ich brauchte ein heißes Bad. Danach ging ich ins Bett und schlief. Tief und traumlos.

Am Morgen sagte ich meinem Vater, dass ich nun doch mit ihm nach Budapest fahren würde. Als perfekter Gentleman stellte er keine Fragen, spürte ganz offensichtlich, dass letzte Nacht etwas vorgefallen war, das mich meine Meinung hatte ändern lassen. Er rief die Rezeption an, um meine Fahrkarte zu bestellen. Während wir warteten, klopfte es an der Tür und mir wurden ein wundervoller Strauß Rosen und eine Schachtel Pralinen überreicht. Pralinen waren zu jener Zeit in der Tschechoslowakei ein absoluter Luxus, nur auf dem schwarzen Markt zu haben. Eine Karte am Blumenstrauß wünschte mir einen Tag voller Glück. Ich betrachtete die Rosen und dachte an morgen. Oldo würde mich am Hotel abholen wollen, aber ich würde schon weit weg in Budapest sein. Statt dass mir nun das Herz brach, wunderte ich mich über meine distanzierte Haltung. Hatte mich mein früheres Leben kalt und hart gemacht? Ich, die ich doch für gewöhnlich so weich und empfindsam war, blieb jetzt völlig ungerührt. Ich verspürte kein Bedauern über die Episode der vergangenen Tage, im Gegenteil, ich war dankbar, etwas erlebt zu haben, was ich im Leben nicht versäumt haben wollte.

Zum zweiten Mal innerhalb eines Jahres war ich auf dem Weg nach Budapest und zu meiner Mutter. Als ich neben meinem Vater saß, seinen Körper angenehm warm neben mir spürte, dachte ich an die letzte Fahrt zurück, die ich mit ihm gemacht hatte. Damals war ich in der Vorfreude auf das Wiedersehen mit meiner Mutter voller Aufregung gewesen, jetzt hatte ich einen leichten inneren Abstand, sicher eine Folge der Ereignisse am Abend zuvor. Ich hatte mich verliebt und für einen kurzen, wundervollen Moment hatte ich mich wie eine Prinzessin aus einem Märchen gefühlt.

Obwohl ich mich in Budapest nicht wirklich zu Hause fühlte, war ich glücklich, wieder bei meinen Eltern sein zu können. Ich besuchte Freunde, ging abends aus, um die neuen Theaterstücke zu sehen und Konzerte zu hören, führte mit meiner Familie ein ganz normales Leben. Doch ich war unruhig. Irgendetwas stimmte nicht ganz. Hier gab es zu viele bittere Erinnerungen für mich und zu viele Gesichter aus der Vergangenheit, die mir diese Erinnerungen ins Gedächtnis riefen. Ich wusste, dass meine Eltern wollten, dass ich bei ihnen blieb, und ich spürte, dass sie mich in ihrer Nähe brauchten. Trotzdem drängte sich eine Idee immer häufiger in den Vordergrund, mit der ich mich schon lange beschäftigt hatte. Ich wollte nach Israel gehen. In Israel könnte ich meinen Stolz auf meine Herkunft offen zur Schau tragen. Ich bräuchte mir keine Gedanken mehr darüber zu machen, wie die Leute auf mich reagieren würden; ich und sie wären eins. Je mehr ich darüber nachdachte, desto klarer wurde mir, dass dies das Richtige für mich war, und schließlich trug ich es meinen Eltern vor. Zuerst waren sie sehr betrübt, und es gab sehr bewegende Szenen, wenn meine Mutter bei dem Gedanken, dass sie mich wieder verlieren würde, anfing zu weinen. Sie hatte ihre beiden Kinder verloren und eines zurückbekommen. Jetzt wollte ich gehen. Meinem Vater schien mein Wunsch eher einzuleuchten, und nach langen Diskussionen meinte er, dass meine Entscheidung für mich richtig war. Inzwischen hatte ich das Gefühl, dass meine Eltern ohne mich besser im Nachkriegs-Budapest zurechtkommen würden. Wer weiß, vielleicht würde mein Vater später sogar seine alte Arbeit wiederbekommen.

Ich hatte gehört, dass die Überfahrt nach Israel entweder von der Tschechoslowakei oder von Österreich aus arrangiert werden könnte – wenn auch illegal. Ein paar Nachforschungen zeigten, dass es für mich nur eine Möglichkeit gab, in die Tschechoslowakei zurückzukehren: Ich musste die Grenze auf demselben Weg überqueren wie die illegalen Einwanderer. Ich konnte weder legale Papiere noch einen Pass bei den Behörden beantragen, weil es dann auffallen würde, dass ich nicht zurückkehren wollte. So schwieg ich auch meinen Freunden gegenüber, damit sich nichts herumsprechen konnte. Ich wollte nicht, dass meine Aktivitäten in irgendeiner Weise die Arbeit oder Position meines Vaters gefährden könnten, deshalb teilte ich meinen Eltern nur das Allernötigste mit. Ich sollte »über die Büsche springen«, wie es hieß, ein Ausdruck derjenigen, die durch die »Hintertür« verschwanden. Ein neues Leben lag vor mir. Ein neuer Horizont winkte mir. Was vor mir lag, war unbekannt, aber ich wusste eines ganz sicher: Ich wollte Freiheit. Welchen Weg ich dahin einschlug, war allein meine Entscheidung, und Gott würde mich geleiten.

Flucht

Meine zweite Reise in die Tschechoslowakei war nicht so einfach wie die erste.

Damals hatte ich legale Papiere gehabt, die mir erlaubten, dort zu leben und zur Schule zu gehen. Jetzt besaß ich kein Visum und hatte die Absicht, illegal einzureisen. Es würde eine ereignisreiche Reise werden – nicht ohne Gefahren.

Mein »Führer« war ein Bauer, der sich seinen Lebensunterhalt verdiente, indem er Illegale über die ungarische Grenze schmuggelte, ihnen die am wenigsten gefährliche Route zeigte. Ich hatte weniger als andere zu befürchten, denn ich war tschechische Bürgerin und mir sicher, dass die Grenzer mich nicht zurückschicken würden. Ich hatte immerhin einen echten Ausweis und konnte Namen und Adressen von Verwandten angeben, die auf jener Seite der Grenze wohl bekannt waren. Trotzdem wollte ich vermeiden, gefasst zu werden, und sei es auch nur, um meinen Eltern Sorgen zu ersparen. Mein Vater begleitete mich zur nächsten Grenzstadt, er trug meinen Koffer und versorgte mich mit letzten Ratschlägen. Er versuchte, die sicherste Route herauszufinden, aber da er keinen Kontakt zu den Schleppern hatte und nur auf Empfehlungen angewiesen war, entsprach seine Wahl nur Mutmaßungen.

Unser Abschied war kurz. Von der neuerlichen Trennung betrübt, sah er plötzlich älter aus, als er war. Ich umarmte ihn kurz, wollte schnell weg und versicherte ihm, meinen Onkel, seinen Bruder, zu bitten, ihm die Nachricht meiner Ankunft zu übermitteln, sobald ich mein Ziel erreicht hatte.

Die Dunkelheit brach herein, als ich meinen so genannten Führer traf, einen älteren Ungarn. In seiner Begleitung war ein Ehepaar in mittleren Jahren, das auf dem Weg nach Wien war, beide waren sehr ängstlich und aufgeregt. Mir war in der Vergangenheit schon so viel zugestoßen, dass ich Angst nicht mehr kannte – ich war nur voller Erwartung und in Eile. In meiner jugendlichen Ignoranz übersah ich auch die Tatsache, dass die beiden keinerlei Papiere besaßen, älter waren als ich und bei ihrem Versuch, mit ihren Kindern in Wien zusammenzutreffen, viel mehr riskierten. Wir begrüßten uns höflich und folgten dann aufmerksam den Anweisungen des Schleppers. Zunächst sollten wir ihm unsere Sachen zur sicheren Aufbewahrung übergeben. Wir würden sie zurückbekommen, sobald wir die Grenze überquert hätten. Natürlich sah ich meinen Koffer nie wieder.

Es war kalt, dunkel und windig, als wir aufbrachen. Wir warteten in einem schlammigen Graben neben Eisenbahnschienen, von Büschen versteckt, darauf, dass der Führer das Wort zum Aufbruch gab. Die aufgeweichte Erde war wie Morast, der mich in seine beklemmende Tiefe zu ziehen drohte. Ich zog meine

Schuhe aus, damit ich besser laufen konnte. Meine Füße waren gut daran gewöhnt, unter extremen Bedingungen ohne Schuhe zu gehen. Ich war durch Schnee und Regen, über Steine und Schotter gestolpert, halb verhungert und schwach von Krankheiten und Erschöpfung, ein Kind noch, verschreckt und verängstigt. Jetzt war ich gesund und stark und besser ausgerüstet, um der bevorstehenden Prüfung entgegenzusehen.

Das Ehepaar war erschöpft. Die Frau weinte vor Aufregung und sagte, dass sie nicht schnell genug laufen könne. Plötzlich hörten wir Hunde bellen und blieben alle still stehen, wagten kaum zu atmen. Unser Führer sagte, wir sollten uns fallen lassen und im Gestrüpp untertauchen, damit wir nicht von der Patrouille entdeckt würden, die offenbar in der Nähe war. Wir lagen versteckt im Matsch, wagten nicht, uns zu rühren – eine Ewigkeit, wie es schien. In meinem Kopf pochte das Blut, und mein Herz raste, als würde es bersten.

Schließlich gab er Entwarnung und erklärte uns, dass ganz in der Nähe die Hütte seines Freundes sei, wo wir uns säubern und für ein Mahl bezahlen könnten, bevor wir wieder aufbrachen. Das Haus war an der tschechischen Grenze, in der Nähe eines Bahnhofs, von wo aus wir mit einem Zug in die nächste Stadt fahren konnten. Wir erreichten die Hütte und säuberten uns und machten uns so gut wie möglich zurecht. Ich hörte, wie der Führer mit seinem Freund sprach und ihm sagte, er solle uns bei Tagesanbruch zum Bahnhof bringen, wo wir unter die Waggons kriechen sollten, um nicht gesehen zu werden. Dann sollten wir uns auf den Weg zur nahe gelegenen Hauptstraße machen. Sie unterhielten sich auf Tschechisch, wohl in der Annahme, wir würden sie nicht verstehen, aber ich verstand jedes Wort und mir gefiel ihr Plan ganz und gar nicht. Es war zu gefährlich. Drei Leute unter einem Waggon konnten leicht entdeckt werden.

Als die Dämmerung über die Felder zog, bemerkte ich einen schmalen Fluss und in einiger Entfernung eine Brücke darüber. Die eine Seite gehörte zu Ungarn, und auf der anderen Seite konnte ich tschechoslowakische Grenzsoldaten patrouillieren sehen und das leuchtende Rot, Weiß und Blau der tschechischen Fahne, die leise in der morgendlichen Brise flatterte. Mir wurde klar, dass wir schon an der Grenze waren. Wahrscheinlich hatten die Grenzer sich an den Anblick dieses unverdächtig wirkenden Hauses so gewöhnt, dass sie es nie nach Flüchtlingen durchsuchten. Oder aber sie hatten eine Vereinbarung getroffen und stellten sich blind. Dann entschied ich, dass ich mir meinen Weg über die Grenze selber suchen würde, anstatt den Anweisungen des Führers zu folgen. Ohne weiter nachzudenken, rannte ich über das Feld zum Fluss, meine wunden, blasenbedeckten Füße schienen kaum den Boden zu berühren. Den Fluss zu überqueren war schwieriger, als ich gedacht hatte. Obwohl er ziemlich schmal war, war er an manchen Stellen sehr tief, und meine schmerzenden Füße und Beine suchten verzweifelt im Flussbett zwischen Steinen und Schlamm nach Halt. Als ich endlich die andere Seite erreichte und versuchte, die Uferböschung hinaufzukriechen, glitten meine Hände und Füße an der sumpfigen Erde ab. Während ich mich festkrallte, dachte ich, ich würde niemals das ebene Feld erreichen. Ein Glück, dass ich kein Gepäck bei mir hatte, das mich noch mehr am Vorankommen gehindert hätte, obwohl ich sicherlich jedes Gepäckstück längst zurückgelassen hätte. Ich hatte schon lange gelernt, dass das Leben wichtiger war als irgendwelcher Besitz. Schließlich schaffte ich es, mich zu festem Boden hochzuziehen, wo ich eine Weile sitzen blieb, um wieder zu Atem zu kommen und meine Lage zu überdenken. Ich war schlammverschmiert, meine Füße waren voller Blasen und zur doppelten Größe angeschwollen, aber zu meinem Erstaunen waren meine Strümpfe ganz geblieben! Keine Löcher oder Laufmaschen! Als ich mich umsah, entdeckte ich in der Nähe ein kleines Haus und marschierte darauf zu. Je weiter ich lief, desto weiter entfernt schien es mir. Ich lauschte nach Hunden und hielt Ausschau nach Grenzern; immer vorsichtig, immer auf der Hut.

Körperlich und geistig erschöpft, erreichte ich schließlich die Tür. Das Gesicht der Bäuerin, die mir die Tür öffnete, werde ich nie vergessen. Die Frau war kräftig und ihr Gesicht war von einer warmen Schönheit, aber jetzt schaute sie besorgt und ängstlich drein. Ich sprach sie auf Tschechisch an und der gespannte Ausdruck in ihrem Gesicht ließ nach. Da wusste ich, dass ich wirklich auf der tschechischen Seite war.

Zuerst wollte sie mich nicht eintreten lassen, aber als ich ihr erklärte, dass mein Onkel in einer Stadt ganz in der Nähe wohnte und dass ich genug Geld hätte, um sie zu bezahlen, wenn sie mich zu ihm bringen würde, nahm sie mich mit hinein und gab mir etwas zu essen. Ich säuberte mich und erzählte mehr von meinem Onkel, woraufhin ihr Verhalten sich plötzlich änderte. Mein Onkel hatte einen kleinen Laden, wo er Stoff verkaufte, und zufällig kannte sie ihn und hatte oft bei ihm eingekauft, soweit die Marken es erlaubten! Sie bat sofort ihren Mann, meinen Onkel zu benachrichtigen, und eine Weile später kamen beide mit einem alten Auto zurück, um mich abzuholen. Die Frau war sehr erfreut über den Stoff, den sie von meinem Onkel als Dank für die Freundlichkeit bekam, die sie und ihr Mann mir erwiesen hatten.

Bei meinem Onkel erholte ich mich und kaufte mir ein neues Kleid. Ich bat ihn herauszufinden, was er für meine Reise nach Israel unternehmen könnte.

Ich sollte von Bratislava aufbrechen. Dort war ich zur Schule gegangen und hatte vor vielen Jahren Deutschlands Exführer gesehen. Und genau von jener Schule aus organisierte die Breha*, die zionistische Untergrundbewegung, Reisen für staatenlose Flüchtlinge, die nach Israel wollten. Als ich in Bratislava ankam, besuchte ich eine Familie, die mein Vater während der Besatzungszeit mit falschen »arischen« Papieren vor dem beinahe sicheren Tod bewahrt hatte. Ihre eigenen Kinder waren inzwischen erwachsen und mit bedeutenden Regierungsvertretern verheiratet, und ich merkte, dass sie nicht sehr glücklich waren, einem Flüchtling Unterschlupf zu geben. Mein Wunsch, unter allen Umständen nach Israel zu gelangen, bereitete

* Auch: Brichah (hebr.: Flucht). Der Name bezieht sich sowohl auf die illegale oder halblegale jüdische Massenflucht aus Osteuropa nach Palästina nach der Befreiung von den Nazis als auch auf die Organisation, die hinter dem größten Teil dieser Massenflucht stand. (Anm. d. Verlages)

ihnen zusätzliches Unbehagen. Sie schienen zu vergessen, dass sie ihre Existenz dem uneigennützigen Handeln meines Vaters zu verdanken hatten, was damals ebenfalls illegal und äußerst gefährlich gewesen war. Dennoch konnten sie mir unter den gegebenen Umständen nicht den Wunsch abschlagen, eine kurze Zeit bei ihnen unterzukommen, also blieb ich. Ich sammelte alle Nachrichten und Informationen über die Breha. Die Juden durch Europa zu bringen war eine lange, komplizierte und unsichere Operation, und meine alte Schule war jetzt zu einer Unterkunft für die künftigen Immigranten geworden. Sobald eine Gruppe von Flüchtlingen aufgebrochen war, zog die nächste ein, so dass das Schul-»Hotel« ständigen Zustrom hatte. Für diese armen Leute war das Leben riskant, unbequem und schwierig. Einige erreichten ihr Ziel, andere nicht. Ich konnte nicht ganz verstehen, womit das zusammenhing, aber einige der Züge mit Flüchtlingen fuhren in voller Kenntnis der tschechischen Regierung; andere mussten inklusive ihrer unglücklichen menschlichen Fracht zu ihrem Abfahrtsort zurückkehren. Als ich all diese Informationen zusammenhatte, wusste ich, was ich zu tun hatte. Ich sagte der Familie, ich würde sie verlassen und weiter zu meinem Onkel reisen. Die Leute waren sehr erleichtert, als sie von meinem geplanten Aufbruch erfuhren, und bestimmt sehr glücklich, als ich mich schließlich tatsächlich verabschiedete.

Während meiner Besuche bei der Breha hatte ich einen jungen Mann kennen gelernt, den ich J. nennen werde. Er war hübsch, intelligent und einer der Hauptorganisatoren der Reisen und Routen nach Israel. Er schien innerhalb der Organisation einige Bedeutung zu haben und fragte mich, ob ich nicht bei seiner Gruppe mitmachen und ihnen helfen wollte. Meine Fremdsprachenkenntnisse – ich sprach Tschechisch, Slowakisch, Deutsch und Englisch – würden sehr wertvoll sein, sagte er, abgesehen davon, dass ich schlau, hübsch und genau die Person sei, die er brauche. Er drängte mich nicht, aber er sprach mit sanfter Überzeugungskraft. Ich wusste wenig oder nichts von der Arbeit der Breha; aber ich wusste, dass sie jüdischen Flüchtlingen half, in ein Land zu kommen, das sie Heimat nannten, fern von dem Schrecken und den Erinnerungen ihrer Geburtsländer. Ich überdachte meine eigene Lage. Ich war nicht mehr in Gefahr; ich war gesund und in guter körperlicher Verfassung, daher beschloss ich, diesen Menschen zu helfen, ihren Wunsch nach innerer Ruhe und Sicherheit zu erfüllen. Ich sagte J., dass ich mitmachen würde; ob ich den nötigen Mut und das entsprechende Durchhaltevermögen hatte, würde sich herausstellen müssen.

Der Familie, bei der ich wohnte, hatte ich gesagt, dass ich zu meinem Onkel aufbräche, der ein Rabbi war. Stattdessen ging ich zu J. und ein neuer, wichtiger Abschnitt meines Lebens begann.

Die Breha

Von Anfang an war offensichtlich, dass J. sich zu mir hingezogen fühlte. Obwohl er ständig von Frauen umgeben war, schien es mir, dass er nicht viel Anschluss hatte. Ich fand heraus, dass er aus Transsylvanien stammte, an der ungarischen Grenze. Daher sprach er Ungarisch, konnte aber kein Tschechisch. Er nahm seine Arbeit so ernst, dass er sich wenig Zeit für Freundinnen gönnte und nur wenige enge Freundschaften schloss. Viele seiner Kontakte waren von zweifelhaftem Charakter, sogar den offiziellen Behördenvertretern konnte nur mit Abstrichen vertraut werden. Er kniete sich in seine Arbeit und hatte echtes Verständnis für seine jüdischen Mitmenschen und ihre Bemühungen, den neuen jüdischen Staat zu erreichen. Je öfter ich J. sah, desto deutlicher wurde, dass wir Respekt füreinander empfanden. Ich war äußerst geschmeichelt, dass er mich mochte und mir vertraute, und mir gefiel die Vorstellung, dass er meinte, ich könne ihm helfen. Seine Kollegen und er taten alles, was sie konnten, um den unglücklichen Flüchtlingen zu helfen, die in den überfüllten Schulschlafsälen hausen mussten. Jeder Mitarbeiter riskierte dabei seine Freiheit. Nach meinen Erfahrungen zwangsweiser Internierung, dem Verlust aller Rechte und allen Besitzes war mir meine Freiheit sehr viel wert. Ich habe nie die Politik verstanden, die einem Menschen das Recht versagt, in Freiheit zu leben. Hitler nahm Millionen dieses Grundrecht, dann kamen die Alliierten, erlösten die verfolgten Wracks der Menschheit und befreiten sie aus der Hölle auf Erden – damit die Briten dann den vielen, denen neue Hoffnung gegeben worden war, das Recht verweigerten, sich in einer neuen Heimat anzusiedeln – in Palästina. Die Lager auf Zypern waren sicherlich nicht mit den Konzentrationslagern der Deutschen zu vergleichen; trotzdem waren es Gefängnisse, eine Flucht war unmöglich. Ich hatte den Wunsch, allen zu helfen, ihre Ziele zu verwirklichen und ihren Bestimmungsort zu erreichen. Dabei hatte ich keine politischen Ambitionen und war nicht auf persönlichen Gewinn aus. Alles, was ich tat, hatte allein menschliche Beweggründe. Da ich selber als unschuldiges Kind so viel gelitten hatte, war ich fest entschlossen, alles zu tun, um anderen das Leid zu ersparen, das ich durchmachen musste.

In Bratislava lernte ich viele Menschen kennen, Freunde und Mitarbeiter von J., die ebenfalls Zeit und Mühe aufbrachten, um anderen, weniger Glücklichen zu helfen. Ich bekam neue tschechische Ausweispapiere und bewegte mich immer in Begleitung von J. Wegen der Aufgabe, der wir uns verschrieben hatten, wäre es sehr gefährlich gewesen, eine ständige und daher auffindbare Adresse zu haben, deshalb wurde immer dafür gesorgt, dass wir in den größten Hotels der Stadt unterkamen. Dieser Plan war einfach, wenn auch etwas verwirrend. Ein Freund reservierte für den folgenden Tag unter falschem Namen ein Zimmer für uns. Ein anderer wiederholte dieselbe Prozedur mit einem neuen Namen im selben Haus. In einem großen Hotel, wo die Leute kommen und gehen, war dies nicht allzu schwierig. J. traf seine Leute z.B. im dritten Stock, dann zog er am nächsten Tag in ein anderes Zimmer, um so sicherzustellen, dass er nicht aufgespürt werden konnte, falls jemand Nachforschungen anstellte. Es war eine ziemlich aufregende Zeit, und obwohl ich es nie zugab, gab es Momente, in denen ich wirklich Angst hatte. Ich reiste häufig zur Grenze, um dort Leute abzuholen, manchmal allein, manchmal mit J. oder einem anderen Kollegen, je nachdem, ob es eine größere oder kleinere Aktion war. Von der Grenze zurück fuhren wir entweder per Bus oder Bahn, manchmal sogar im Taxi, aber immer in kleinen Gruppen. Ich nahm nie mehr als eine Hand voll Leute auf einmal mit, wobei ich meist in Dörfer reiste und dort Gruppen betreute, die auf dem Weg nach Wien waren. Meistens verliefen diese Manöver reibungslos, aber einige Male wurde ich angehalten und verhört. Nur meine Beherrschung der tschechischen und slowakischen Sprache rettete mich.

Jedes Mal, wenn ich von einer Mission zurückkam, erwartete mich ein besorgter J. Es war offensichtlich, dass seine Sorge mehr als nur dem Gelingen der Aktion galt. Abgesehen von den heimlichen Operationen, die er organisierte, galt seine Verantwortung mir. Ich war so damit beschäftigt, J. zu helfen, dass ich vergaß, meinem Onkel, dem Rabbi, zu schreiben, dass sich meine Ankunft verzögern würde. Mein Onkel machte sich natürlich Sorgen und nahm es in die Hand, mich zu suchen und selber herauszufinden, was eigentlich mit mir los war. Als ich eines Tages zur Rezeption unseres Hotels kam, schaute ich mich in der Halle nach den Besuchern des Tages um und entdeckte zu meinem Entsetzen diesen Onkel. Obwohl er mich jahrelang nicht gesehen hatte, sagte ihm mein erschrockenes Gesicht, dass er seine Nichte gefunden hatte. Da stand er nun, rein und würdig, sein dunkler Bart gekämmt und glänzend, und wartete auf mich. J. bemerkte den Schrecken in meinem Gesicht und dachte sofort, ich hätte Anzeichen von Gefahr bemerkt. Mir wurde klar, dass ein Treffen dort und zu dem Zeitpunkt sich sehr wohl als gefährlich für J. und unsere Organisation erweisen konnte, also erklärte ich ihm schnell, wer dieser eindrucksvoll aussehende Rabbi war. J. stimmte zu, dass dieses Hotel nicht der geeignete Ort für ein Treffen war, und schlug vor, dass wir ins Büro der Schulunterkunft gehen sollten, um uns dort auszusprechen. Dort wies mich mein Onkel ernsthaft zurecht. Obwohl er recht offen gesinnt war, war er nicht gewillt zu erlauben, dass ich ein Hotelzimmer mit einem Mann teilte, der nicht mein Ehemann war. Wie wertvoll unsere Arbeit für die Breha auch sein mochte, er fand unsere Beziehung trotzdem völlig unannehmbar – und sagte es auch. Er beruhigte sich etwas, als wir ihm erklärten, dass es sich nicht im Mindesten so verhielt, wie er annahm, aber er bestand darauf, dass ich mitkäme und bei ihm zu Hause bliebe, bis ich entschieden hatte, was ich künftig tun wollte. Wenn J. mich zu sehen wünschte, dann könne er mich jederzeit besuchen, aber wenn wir zusammen nach Israel reisen wollten, dann würde er es nur erlauben, wenn wir verheiratet wären. Also vermied ich, J. oder mir noch weitere Probleme zu machen, und willigte ein, mit dem Onkel nach Brno (Brünn) zu gehen.

Brno war eine freundliche kleine Stadt, die mir sehr ans Herz wuchs. Es gefiel mir auch, wieder Teil einer Familie zu sein. Meine Tante und mein Onkel waren äußerst liebenswürdig zu mir, so dass ich mich zu Hause fühlte. Ich merkte, dass ich die Wärme und Gemeinschaft des Familienlebens vermisst hatte und dass es mir sehr wichtig war, dazuzugehören. Zu lange war ich von Fremden und kurzfristigen Bekanntschaften umgeben gewesen. Jetzt lernte ich die Bedeutung des Wortes »Familie« wieder schätzen. Mein neues Zuhause war sehr angenehm, und ich gewöhnte mich schnell ein und war glücklich.

Mein Onkel hatte auch in einem der Konzentrationslager gelitten – in Auschwitz. Eines Tages hatte der Vorarbeiter ihm erzählt, dass in seiner Arbeitskolonne jemand sei, der aus derselben Stadt in der Tschechoslowakei stamme wie mein Onkel. Als mein Onkel es geschafft hatte, sich von der Arbeit zu entfernen, suchte er diesen Mann und fing an, ihm Fragen zu stellen. Nach einigen Minuten erst kam die unglaubliche Wahrheit zu Tage: Die beiden Männer waren Brüder! Ihr körperlicher Zustand war so entsetzlich, sie waren so ausgemergelt, dass sie überhaupt nicht mehr zu erkennen waren!

Die Zeit in Brno war eine glückliche Zeit. Ich nahm Kontakt zu meinem anderen Onkel auf, der in der Nähe der Grenze lebte, und teilte ihm mit, dass es mir gut gehe und ich in Sicherheit sei, und bat ihn, dies meinen besorgten Eltern zu vermitteln. Das Leben mit meiner Tante und meinem Onkel war eine völlig neue Erfahrung für mich, es war ganz anders als das Leben mit J. Da sie sehr religiös waren, kümmerten sie sich wenig um Gesellschaft oder irgendwelche Vergnügungen. Mein Onkel wollte wissen, wie meine Absichten in Bezug auf J. waren und was für Pläne ich für die Zukunft hatte. Ich war verwirrt. Ich war mir nicht wirklich sicher, ob ich das Richtige tat, aber schließlich willigte ich ein, J. zu heiraten.

Ich beschloss, das Beste aus meinem Aufenthalt in Brno zu machen und mich so gut wie möglich zu vergnügen. Ich war außer Gefahr und lebte nicht mehr in Spannung und Unruhe. Hier konnte ich mich eine Weile erholen und ein normales Leben führen. Ich ging mit meiner Tante einkaufen, fand ein paar neue Freunde und wurde gelegentlich von J. angerufen, der mich über die Arbeit der Breha auf dem Laufenden hielt. J. war überglücklich über die Aussicht, mich zu heiraten, und wollte mich bald besuchen. Ich lebte in den Tag hinein, machte zögernd Pläne für die Zukunft und überlegte, ob ich in Bezug auf J. die richtige Entscheidung getroffen hatte. Tief in meinem Herzen wusste ich, dass es eine Vernunftehe werden würde. Meine Familie würde mir nur erlauben, mit J. nach Israel zu reisen, wenn wir verheiratet wären. J. verstand meine Gefühle, und obwohl er sich offensichtlich über die Heirat freute, versprach er mir, die Ehe in Israel auflösen zu lassen, wenn ich es dann noch wünschte. Ich hatte immer noch Zweifel, aber zu der Zeit schien ich keine andere Möglichkeit zu haben. J. plante, seine Arbeit so bald wie möglich zu Ende zu bringen und seine

Angelegenheiten zu regeln, dann könnten wir uns trauen lassen und nach Israel gehen, um dort ein neues Leben zu beginnen.

Zunächst war unsere Hochzeit für das Frühjahr geplant, aber als die Lage für J. immer gefährlicher wurde, beschlossen wir, den Termin vorzuziehen. Später fuhren wir mit dem Zug zur Wiener Grenze und hofften, dass wir so unseren ersten Schritt in Richtung Israel machen könnten, aber wir wurden zurückgeschickt. Zum Glück kannten einige der Amtspersonen J., und statt uns festzunehmen, gaben sie uns lediglich den Rat, nach Hause zurückzukehren. Oft genug wurden Züge mit staatenlosen Flüchtlingen aus Bratislava aufgehalten und bekamen die Anweisung, an ihren Ausgangspunkt zurückzukehren. Für diejenigen, die die Reise in der Hoffnung gemacht hatten, ein neues Leben zu beginnen und all die vergangenen Tragödien und all den Kummer zurückzulassen, war es schmerzlich, milde ausgedrückt. Die meisten hatten wenig Geld und keine Arbeitsstelle, zu der sie zurückkehren konnten. Trotzdem, auch wenn sich alles gegen sie verschwor, sie versuchten immer wieder, die Grenze zu überqueren, und immer wieder schafften es einige.

Mein anderer Onkel, der an der Grenze lebte, konnte wegen seiner Kontakte und Verbindungen für mich und meinen frisch gebackenen Ehemann einen Pass besorgen, damit wir meine Eltern sehen konnten, dieses Mal ganz legal. Meine Mutter und mein Vater bekamen ebenfalls einen Pass, so dass wir uns offen treffen und ich ihnen J. vorstellen konnte. Durch einen seltsamen Zufall des Schicksals war die Brücke, an der wir uns trafen, keine andere als die, an der ich als Flüchtling über die Grenze vorbeigekommen war. Wir wurden von einem tschechischen Grenzer über die Brücke eskortiert, und dort, getrennt durch einen langen Schlagbaum, stellte ich J. meinen Eltern vor. Ich war froh, sie wieder zu sehen, und auch sie waren froh zu wissen, dass ich in Sicherheit war und es mir gut ging. Sie hatten um Erlaubnis nachgesucht, mir ein Geschenk geben zu dürfen, und reichten mir einen Umschlag mit etwas Geld. Mit J. schienen sie recht zufrieden zu sein, und sie waren glücklich, dass wir als Mann und Frau nach Israel gingen. Ich hatte immer noch meine Zweifel bezüglich dieses Arrangements, vor allem fragte ich mich, ob J. nach all der Spannung und Aufregung seiner früheren Arbeit zu einem normalen Leben finden würde. Die Aussicht auf ein Familienleben lockte ihn allerdings sehr, denn abgesehen von einem Bruder und einer Schwägerin in Rumänien hatte er keine Verwandten mehr. Wir verabschiedeten uns und gingen etwas traurig auseinander, wobei wir versprachen, meinen Eltern sofort Bescheid zu geben, wenn wir in Israel waren. Ich fragte mich, wie lange es wohl dauern würde, bis wir uns wieder sahen.

Eines Tages erreichte J. die Nachricht, dass unsere Papiere fertig waren und dass wir nach Ablauf von drei Wochen nach Bratislava gehen sollten, von wo aus wir dann mit dem Zug nach Wien fahren würden. Wir wurden beide ganz aufgeregt über die bevorstehende Reise und voller Vorfreude verabschiedeten wir uns von unseren Freunden. Wir brachen nach Bratislava auf und trafen dort Freunde von J., die uns eine gute Reise wünschten. Dieses Mal war das Glück auf unserer Seite und wir wurden nicht zurückgeschickt. Ohne irgendwelche Probleme kamen wir in Wien an. Ich hatte das Gefühl, dass ich das letzte Mal in der Tschechoslowakei gewesen war.

Transit

Als wir schließlich in Wien ankamen, ließ meine innere Anspannung nach. Jetzt fühlte ich mich sicher und hatte keine Angst mehr. J. hatte Freunde dort, die uns mit Wärme und Liebenswürdigkeit empfingen. Zum ersten Mal seit Jahren fühlte ich mich frei. Freiheit erscheint so viel wertvoller, wenn sie einem verweigert wird, und ich genoss sie begeistert. Wir wurden in ein Lager gebracht, das für jüdische Flüchtlinge eingerichtet worden war, die nach Israel wollten. Es war sozusagen ein »Haus auf halbem Weg«, wo vor der letzten Etappe Unterkunft und Essen angeboten wurden. J. und ich bekamen bessere als die durchschnittlichen Quartiere innerhalb dieser Fertighäuser, die eng, aber sauber und bequem waren. Wir bekamen etwas Taschengeld, und ich beschloss, mir die Sehenswürdigkeiten von Wien anzuschauen. Bislang waren meine Besuche in Wien nur sehr kurz gewesen, jetzt wollte ich in aller Ruhe die Schönheit dieser alten Stadt betrachten. Ich wollte mit unseren neuen Freunden durch die alten Straßen laufen, in die Bierkeller und Kaffeehäuser einkehren und in einer normalen, freundlichen Umgebung meine Freiheit genießen.

Aber nur allzu schnell wurden alle meine Erwartungen zerstört. Weil die Zahl der Unterkünfte im Lager begrenzt und der Strom der Neuankömmlinge endlos war, wurde uns klar, dass wir so schnell wie möglich für den nächsten Schub Flüchtlinge Platz machen mussten. So musste ich meine Hoffnungen auf einen gemütlichen Stadtbummel begraben, obwohl ich es schaffte, wenigstens ein paar Ausflüge zum Einkaufen zu machen. Wien litt wie ganz Europa unter den Folgen des Krieges und die Läden hatten den Kauflustigen nur eine begrenzte Auswahl an Waren zu bieten. Trotz – oder vielleicht gerade wegen – der Erinnerungen an die harte Zeit gingen die Leute ihren Geschäften und ihren Freizeitvergnügungen mit einer Frische und Energie nach, die überhaupt nicht zu der deprimierenden Realität der unmittelbaren Vergangenheit zu passen schien, beinahe als hätten sie sich vorgenommen, glücklich zu sein, jedem Vergnügen nachzugehen und jeden Moment ganz und gar auszukosten. J.s Freunde waren sehr nett zu uns, aber trotzdem wollten sie uns so bald wie möglich unterwegs wissen. Es wurden Vorbereitungen getroffen, uns mit dem Bus nach Salzburg zu schicken. Als wir erfuhren, dass immer noch Gefahren vor uns lagen, wurde ich wieder unruhig. Wien war von den Alliierten in vier Zonen aufgeteilt; um den amerikanischen Sektor zu erreichen, mussten wir erst durch die russische Zone. Jeder bekam genaue Instruktionen, wie er sich zu verhalten habe, und Leute wie ich, die slawische Sprachen beherrschten, wurden besonders eindringlich gemahnt, still zu sein. Unser »Führer« würde für uns sprechen, wenn das nötig sein sollte, denn wir reisten als Touristen.

Ich hatte plötzlich das Gefühl, als ob meine Welt

auseinander brechen würde. Ich hatte gedacht, ich hätte endlich meine Freiheit erlangt, doch jetzt gab es immer noch Hürden, die wir bewältigen mussten, bevor ich wirklich in Freiheit war. Die Anspannung und Belastung, die zuvor verschwunden waren, schienen mich plötzlich wieder einzuholen und mich zu überwältigen, und ich hatte das Gefühl, ich könnte nicht mehr. In diesem Zustand übernervöser Spannung brach ich zusammen und weinte. Alle Verletzungen und Erniedrigungen, aller Schmerz und alles Leid drängten mit meinen Tränen heraus. Wann würde das alles enden? Was hatte ich in meinem jungen Leben verbrochen, dass ich so büßen musste? Meine Kraft schien am Ende zu sein und ein Gefühl der Trostlosigkeit packte mich. J. war sehr lieb und verständnisvoll und seine Freunde voller Zuneigung und Trost. Es komme sehr selten vor, sagten sie, dass irgendetwas ernsthaft schief ginge oder jemand zurückgeschickt würde. Nur ein bisschen Geduld, nur ein paar Vorsichtsmaßnahmen, dann würden wir wirklich frei sein.

Also machte ich mich erneut auf den Weg in die Freiheit.

Mir kam es vor, als ob wir Stunden in dem Bus saßen, jeder allein mit seinen Gedanken und Hoffnungen. Mein Herz pochte vor Angst, während ich mich an dem Essenspaket festklammerte, das wir für unterwegs mitbekommen hatten. J. tat sein Bestes, um mich zu beruhigen, indem er leise und freundlich über unsere Zukunftspläne sprach. Als wir plötzlich anhielten und ich das Schild YOU ARE NOW ENTERING THE RUSSIAN SECTOR las, glaubte ich, in Ohnmacht zu fallen. Während wir warteten, war es absolut still im Bus. Es war, als ob alle gleichzeitig aufgehört hatten zu atmen und auf einen Richter warteten, der das Urteil verkünden würde. Zwei Russen in Zivil bestiegen den Bus. Einer ging zum Fahrer, der andere lief durch den Gang zwischen den Sitzen und blieb bei jedem Fahrgast stehen, um ihr oder ihm ins Gesicht zu schauen. Als der Russe auf mich zukam, schaute ich direkt in seine blauen Augen, wobei mir seine typisch slawischen Gesichtszüge auffielen. Er lächelte reizend, freundlich, was mich an das einladende Lächeln auf den Gesichtern der SS-Wachen erinnerte, wenn sie ihrem entsetzten Opfer irgendeine grausame Folter antaten. Dann besann ich mich. Diese Männer waren unsere Befreier, nicht unsere Peiniger. Sie hatten uns von den Deutschen befreit, sie waren nicht wie jene. Ich musste aufhören, an die Vergangenheit zu denken und jeden nach deutschen SS-Maßstäben zu beurteilen. Plötzlich kehrte meine Zuversicht zurück. Da er mich immer noch lächelnd ansah, lächelte ich zurück. Er ging weiter, sagte ein paar kurze Worte zum Fahrer, dann stieg er mit seinem Kollegen aus dem Bus und weg waren sie. Es war vorbei. Ich fing wieder an zu atmen und sank in meinen Sitz zurück, ganz schwach von der Anspannung. Wir hatten es geschafft! Jemand rief, wir wären immer noch im russischen Sektor, aber dass wir bald die amerikanische Zone erreichen würden. Als wir dort ankamen, fühlte ich mich regelrecht krank. Nachdem uns die amerikanische Kontrolle hatte passieren lassen, brachen alle in Freudenschreie aus. Wie durch Zauberei tauchten plötzlich Flaschen mit Wodka, Wein und anderem auf, und wir tranken, die Alten und die Jungen, und stießen mit den Flaschen auf unseren Erfolg an. Im Bus mischte sich fröhliches Singen mit Tränen der Erleichterung und des Glücks. Mit Liedern auf Polnisch, Russisch und Tschechisch feierte jede Nation ihre Freiheit. Dann, als beim letzten Anstoßen alle aufstanden, um die israelische Nationalhymne zu singen, fing ich an zu weinen und mir wurde schwindlig. Ich merkte, dass J. mir die Hand hielt und mich mit besorgter Stimme tröstete und mir sagte, dass alles vorbei sei. Ich blickte mich um und sah, wie sich alle umarmten; dann nahm ich einen tiefen Atemzug. Die Luft der Freiheit.

Wieder wurden wir in ein Lager gebracht, wo wir von einem der besten Freunde J.s empfangen wurden. Wir bekamen ein Extrazimmer in den Baracken und unserer ersten Mahlzeit folgte ein herzliches Willkommen.

Vor dem Einschlafen hing ich noch eine Weile meinen Gedanken nach. Ich brauchte mir keine Sorgen über den nächsten Tag zu machen – ein neuer Anfang, ein neuer Tag lagen vor mir. Von jetzt an könnte ich wie ein normaler Mensch leben, brauchte mir nicht mehr ununterbrochen über die Schulter zu gucken. Ich konnte lernen, mich am Leben und den Menschen zu erfreuen. Jeder Moment würde mir gehören, ich konnte tun, was ich wollte, wann immer ich es wollte.

Am nächsten Morgen wachte ich ausgesprochen zufrieden auf. Entspannt ließ ich noch einmal in meiner Erinnerung vorbeiziehen, was ich alles durchgemacht hatte, all die Ereignisse, die schließlich zu unserer Ankunft in Salzburg geführt hatten. Zuerst gefiel es mir in Salzburg, es machte mir Spaß, mit J. und seinen

Freunden die Stadt zu besichtigen. Sie warnten uns vor Schwierigkeiten und Rückschlägen, die uns in Israel erwarteten, aber ihre Worte dämpften meinen Enthusiasmus nicht. Nach allem, was ich bereits durchgemacht und überlebt hatte, konnte eigentlich nichts Schlimmeres mehr kommen. Typhus, Gewehrkugeln, Seuchen und Hunger hatten weder meinen Körper noch meine Seele in Besitz nehmen können. Jetzt würde mich nichts mehr daran hindern, mein Ziel zu erreichen. Ich fürchtete nichts und niemanden, und ich besaß zwei grundlegende Dinge, die mir weiterhelfen würden: meine Gesundheit und meine Freiheit.

Ich merkte, wie J. sich langsam veränderte, seit er sich nun nur noch um mich kümmern musste, nur für mich verantwortlich war, das Leben einem »normalen« Verlauf folgte. Zuerst rebellierte ich dagegen und die Wogen schlugen hoch. Dann behielt ich meine Meinung für mich, ich wollte nicht zulassen, dass mich diese Situation unglücklich machte. Die Stimmung zwischen uns wurde immer gespannter, und ich spürte, dass J. nicht mehr der enge Freund und Begleiter von gestern war. Unsere Beziehung war nicht mehr so ausgeglichen.

Eines Tages, als wir gerade vor einem Schaufenster standen, wurden wir plötzlich von der Polizei umstellt – Schwarzmarktkontrolle. Offensichtlich wurden in der Gegend eine Menge Schwarzmarktgeschäfte getätigt, vor allem von Flüchtlingen, und wir hatten das Pech, in eine der neuen Razzien zu gelangen. Die Wirkung auf mich war traumatisch. Wieder Polizei, wieder Fragen, wieder Durchsuchungen. Wir waren völlig unschuldig und doch wurden wir behandelt wie Kriminelle. Ich fing an zu weinen. »Ich dachte, ich wäre ein freier Mensch«, schluchzte ich. »Warum werde ich durchsucht?« Der Polizist und die Polizistin waren beide sehr freundlich zu mir, und als sie meine Handtasche ausleerten und merkten, was für ein Plunder darin war, wurde ihnen klar, dass ich unschuldig war. Was sie allerdings nicht gesehen hatten, war das Taschentuchbündel, das ich zuvor herausgenommen hatte! Darin war, in eine Papierserviette eingewickelt, das Geld, das uns mein Vater an der Brücke vor den Augen der tschechischen Grenzer gegeben hatte. Hätten sie es gefunden und mich verhört, hätte ich nie beweisen können, dass es ein Hochzeitsgeschenk war. Sogar J. wusste nichts davon. Das kleine Bündel mit dem Geld war meine Unabhängigkeit, mein Rettungsring. Wenn ich je wieder zu verhungern drohte, würde mir dieses Geld helfen, Brot zu kaufen. Die Erinnerungen an die völligen Entbehrungen waren sehr lebendig, und ich hatte ein tief verwurzeltes Bedürfnis, für Notzeiten eine Reserve zu haben. Mit einer Entschuldigung wurden wir entlassen, allerdings wurde uns mitgeteilt, dass diese plötzlichen Razzien notwendig seien und fortgesetzt würden. Dieser Vorfall zermürbte mich, und ich hatte nicht mehr die Ruhe, mich an der Schönheit Salzburgs zu erfreuen. Jetzt wollte ich sofort weg und so schnell wie möglich nach Israel. Dort, wusste ich, würden meine Verwandten mich willkommen heißen, ich würde nicht allein sein, und ich würde nicht mehr immer auf der Hut sein müssen, wenn ich eine Straße entlangging.

Dann kam der Tag, an dem wir zur letzten Etappe nach Israel aufbrachen. Wir wurden mit dem Bus zum

Hafen gebracht, wo wir ein Schiff bestiegen, das uns nach Haifa brachte. Bei dem Gedanken an das, was vor mir lag, bebte mein ganzer Körper vor Aufregung. Zum ersten Mal seit Wochen spürte ich uneingeschränkte Erleichterung. Obwohl mir materieller Besitz nie besonders viel bedeutet hatte, fing ich an, großen Gefallen an den albernsten Kinkerlitzchen zu finden; alles Glitzernde und Bunte erfreute mich. Ich hatte das Gefühl, dass J. von meinem plötzlichen Überschäumen nicht erbaut war, dass er eifersüchtig war auf meine kindliche Unschuld und gleichzeitig ärgerlich über seine eigene Unfähigkeit, meine Ausgelassenheit zu teilen. Zu lange waren mir die Freuden des Lebens vorenthalten worden, jetzt blickte ich jubilierend meiner Zukunft entgegen. Für mich würde sie ein Abenteuer sein. Ich stand kurz vor etwas Wundervollem, und ich hatte nicht die Absicht, mir durch J.s Verhalten mein Glück verderben zu lassen.

Vor mir lag ein neues Leben in einem neuen Land – Israel erwartete mich!

Freiheit

Die Fahrt nach Israel war recht bequem und angenehm und die Verpflegung angemessen und nahrhaft – wenn es mir gut genug ging, dass ich essen konnte. Unglücklicherweise war ich mehr als einmal seekrank und blieb dann in meiner Kabine und schlief oder ruhte mich aus. Unter den Passagieren herrschte eine ausgelassene Stimmung, und Mannschaft und Kapitän machten beim Tanzen und Singen mit. Auf dem Schiff schien jede Nationalität versammelt zu sein und alle hatten ein gemeinsames Ziel. Überall ein Gefühl von Einheit, Freiheit und fröhlicher Kameradschaft. Es war, als ob unsere Ketten gelöst und Leben und Glieder befreit waren. Ich genoss diese sorgenfreien Tage, in denen wir alle dem gleichen Horizont zustrebten.

Als wir uns der Küste Israels näherten, wuchs überall auf dem Schiff die Erregung. Jeder spähte über das Wasser, um einen ersten Blick auf das Land zu erhaschen, das uns das Recht auf menschenwürdiges Leben zurückgeben würde. So viel Hoffnungen und Vertrauen setzten sie in dieses kleine Stückchen von Gottes Erde. Erde, über die seit Jahrhunderten gestritten und geweint worden war, die das Blut so vielen Leidens aufgesaugt hatte. Und dann plötzlich – lag es vor uns. Der allerschönste, ersehnteste Anblick der Welt. Der Hafen von Haifa. In den ersten wunderbaren Augenblicken schien mir Haifa wie einer jener glanzvollen Erholungsorte – wie Cannes oder Monte Carlo. Ich war erstaunt, wie modern die Stadt wirkte. Als das Schiff auf die Anlegestelle zusteuerte, machte ich im Geiste Fotos von dem Panorama vor mir, Bilder, die ich sogar heute noch in die Erinnerung rufen kann, als sei es erst gestern gewesen. Gegen den blauen Himmel streckten sich die Hänge des Karmel-Gebirges und die goldene Kuppel eines Gebäudes, das mitten in den herrlichen persischen Gärten lag, wie ich später erfuhr. Es war ein Bild des Friedens und der Ruhe und ich verspürte tiefe Ehrfurcht. Als ich mich umblickte, sah ich meine Mitreisenden einander voll Freude und Glück umarmen, Tränen tiefster Rührung liefen ihnen über die Gesichter.

J. nahm meine Hand, und als ich zu ihm aufblickte, entdeckte ich auch in seinen Augen Tränen. Warum? Hatte er Angst vor der Zukunft oder galten die Tränen der Erinnerung an die Vergangenheit? Was auch immer, in jenem Moment war er tief in seine eigenen Gedanken versunken. Was mich betrifft, war ich viel zu glücklich, um Tränen zu vergießen. Ich starrte mit leuchtenden Augen auf das blaue Meer, den klaren Himmel und die Hänge des Karmel-Gebirges, die saftig und grün im Sonnenlicht glitzerten. Ich war bezaubert, glücklich und verspürte eine Freude, an die ich mich bis ans Ende meiner Tage erinnern werde.

Die Entscheidung, nach Israel zu gehen, war nicht

leicht gewesen, denn ich musste mich von meinen geliebten Eltern trennen. Ich hatte einen großen Schritt getan, um ein neues Leben zu beginnen. Jetzt war ich endlich da. »Nächstes Jahr in Jerusalem« lautet das Gebet jedes Juden und durch schreckliches Geschehen war dieser Wunsch nun Wirklichkeit geworden. Hier war der »gelbe Stern« ein Symbol der Hoffnung und der Freiheit, und jeder Jude konnte mit erhobenem Haupt gehen. Als ich J. und die leuchtenden Gesichter um mich herum anschaute, war ich tief bewegt. Jede und jeder von uns wusste, wie die Hölle aussah; wir hatten sie alle durchgemacht. Aber wir hatten überlebt. Hier war unsere Erlösung, hier war unsere Freiheit und hier war unser Gelobtes Land.

Epilog

Mehr als dreißig Jahre nachdem der Entwurf für dieses Buch fertig war, geschah folgende Begebenheit.

Auf der Rückfahrt von einer Busreise durch Skandinavien mit meinem ältesten Sohn wurde uns mitgeteilt, dass wir nicht in Hamburg, sondern in Hannover übernachten würden.

Hannover! Die Stadt, in der ich nach der Befreiung in der Obhut von Major Chutter gelebt hatte! Erinnerungen strömten auf mich ein, und ich fing an, nervös zu husten. Würde ich den Mut haben, die Bardowiker Straße Nr. 40 aufzusuchen?

Als wir gegen sieben am Abend im Hotel ankamen, hatte ich entschieden, zu meiner alten Adresse zurückzukehren. Mein Sohn war dagegen, weil er befürchtete, dass mich schmerzliche Erinnerungen aufwühlen würden, aber ich war fest entschlossen. Eine Lehrerin aus Kidderminster, die zu unserer Reisegruppe gehörte, bestand darauf, mich zu begleiten, so dass wir nach einem schnellen Abendessen hinaus in den Regen traten und ein Taxi anhielten. Ich fragte den Fahrer, ob er wisse, wo die Straße sei, und nachdem er auf den Stadtplan geschaut hatte, meinte er, sie liege auf der anderen Seite der Stadt und die Fahrt dorthin werde teuer. Ich sagte ihm, dass ich nur für eine Nacht in Hannover sei, und erklärte ihm kurz den Grund für diese Fahrt. Zu meiner Überraschung und Bestürzung stiegen ihm Tränen in die Augen, er war offensichtlich äußerst bewegt und stellte sofort den Taxameter ab. In seiner Stimme schwangen aufrichtiges Bedauern und der Wunsch nach Vergebung, als er sagte, er würde mich fahren, wohin ich wolle, ohne Bezahlung, er stehe mir zur freien Verfügung! Die nächsten paar Minuten waren ziemlich haarsträubend, als er, geblendet von seinen Tränen, im Zickzack durch den Regen fuhr! Meine Begleiterin bot sogar an, das Taxi zu fahren, solche Angst hatten wir vor einem Unfall. Doch der Fahrer fasste sich wieder und fing an, Frage auf Frage zu stellen. Er hatte noch nie jemanden gesehen oder getroffen, der als Kind im Konzentrationslager war. Wie war das? War es wirklich so schlimm, wie es in den Büchern und auf den Bildern aussah? Warum gehorchten die Insassen so bereitwillig jedem Befehl, wie erniedrigend er auch wäre? Ich erklärte, dass die Bilder stimmten: Die Juden standen, wenn ihnen befohlen wurde zu stehen, sie sprangen, wenn ihnen befohlen wurde zu springen, sie waren still, wenn ihnen befohlen wurde, still zu sein. Wir handelten wie Roboter, weil alles andere Schläge oder Tod bedeutet hätte. Ein gekrümmter Finger oder ein zwinkerndes Auge reichten schon, um die Nazioffiziere in Rage zu bringen, ihnen die Entschuldigung zu geben, ihren sadistischen Neigungen nachzugeben. Wenn jemand mit einem Gewehr auf dich zielt, dann fragst du nicht – dann gehorchst du.

Zwei Stunden lang fuhr er uns durch die alte Stadt, zeigte uns alles und durchlöcherte mich mit seinen Fragen. Er war ein gut aussehender Mann um die vierzig, und ich verspürte bei ihm echtes Entsetzen und Abscheu über das, was seine Landsleute getan hatten. Ihre Schuld lastete schwer auf seinen Schultern. Ich für meinen Teil hatte aufgrund meiner Kindheitserfahrungen zuvor alle Deutschen als »Uniformtypen« kategorisiert. An jenem Abend veränderte dieser Mann meine Einstellung.

Wir fuhren am Rathaus vorbei, wo Major Chutter seine Büros hatte, doch in der Bardowiker Straße gab es die Nummern 40-42-44 nicht mehr! Ich hatte beabsichtigt, an der Tür von Nr. 40 anzuklopfen und zu erklären, wer ich war und warum ich kam. Als sich das jetzt aber als unmöglich erwies, musste ich zugeben, dass ich erleichtert war. Unser Fahrer fragte über Funk in der Zentrale nach, ob dort jemand wisse, was mit den Villen in der Straße geschehen sei. Ja, sie wussten es. Die drei Häuser waren nach der Befreiung von den Alliierten für junge Flüchtlinge requiriert worden, die Eigentümer hatten dafür eine finanzielle Entschädigung bekommen. Später waren sie verkauft und die Grundstücke anders verwendet worden. Jetzt stand dort ein Hotel. Als nun der Zweck der Fahrt erfüllt war, lud der Fahrer uns zu sich nach Hause ein, aber da meine Begleiterin und ich zu unseren jeweiligen Söhnen zurückwollten, lehnten wir sein Angebot ab.

Zurück im Hotel, dachte ich über die Ungereimtheiten der vergangenen Stunden nach. Ich, die ich gelitten hatte und mit schmerzhaften Erinnerungen rang, hatte den Taxifahrer ob *seiner* Tränen und Qual getröstet! Meine innere Stärke hatte mich befähigt, jemand anderem Kraft und Trost zu spenden.

Nachwort

Der Schrecken des Krieges ist, leider, immer gegenwärtig, entweder als eine erschütternde persönliche Erfahrung, oder er hängt als dunkle, bedrohliche Wolke über uns. Ist das menschliche Los nicht oft schon elend genug? Warum sich also nach so vielen Jahren noch an die Schrecken von damals erinnern.

Agnes Sassoon, ein Opfer der Gräueltaten in Dachau und Belsen, nähert sich diesem Thema auf eine neue Art und Weise: Sie zeigt, wie der menschliche Geist in der Lage ist, »menschliche Unmenschlichkeit« auszuhalten und trotzdem menschlich zu bleiben. Der umstrittene Film *Holocaust*, sagt sie, zeigte die Opfer als seelenlose und geistlose Gestalten, als Gerippe ohne Gefühle. Agnes schrieb ihr Buch, um denjenigen, die wie »wandelnde Skelette« aussahen, die Menschlichkeit zurückzugeben.

Ich war in der britischen Zweiten Armee und diente in einer Brigade, deren Voraustruppen im April 1945 das Lager in Belsen einnahmen, als die schrecklichen Bedingungen dort zum ersten Mal ans Licht kamen. Das Leben in Belsen war so entsetzlich und nahezu unglaublich, dass beschlossen wurde, sofort alles an Ort und Stelle für alle Zeiten zu dokumentieren. Dieser dokumentarische Beweis, unterstützt von grauenhaften Fotos, wurde in Deutschland gedruckt; hier im Anhang ist er zum ersten Mal veröffentlicht. Ich besitze eine der Originalausgaben. Die Gräueltaten gehören nun zur grausamen Geschichte der Menschheit. Nicht so verbreitet aber ist das Wissen um den unauslöschbaren menschlichen Geist, den die Nazis zermalmen wollten, was ihnen nicht gelang. Agnes Sassoon ist ein Beispiel dieses unauslöschbaren menschlichen Geistes.

Geoffrey Lesson, M. B. E.
(Hauptmann a.D., Königliche Artillerie)

Agnes Sassoon, zusammen mit ihrem Befreier, Geoffrey Lesson, und ihrem Sohn Robert, 2001.

Die Befreiung von Bergen-Belsen (Dokumentation)

Danksagung

Hiermit möchte ich mich für die hilfreiche Unterstützung des Verteidigungsministeriums bedanken, das mir erlaubte, die Broschüre »Die Geschichte von Belsen«, veröffentlicht 1945 vom 113. LAA Regiment RA (DLI) TA (100. A. A. Brigade), zu übernehmen.

Agnes Sassoon

THE STORY OF BELSEN

113·L·A·A· REGIMENT
R·A·(D·L·I·)T·A

Der vorliegende Bericht über die Ereignisse zwischen dem 13. April und dem 21. Mai 1945 im Konzentrationslager Belsen wurde aufgrund der Nachfragen von Angehörigen des 113. Light A. A. Regiments, der RA, TA, dem ehemaligen 2. und 5. Bataillon der Durham Leichten Infanterie und von Angehörigen anderer Einheiten der 100. A. A. Brigade verfasst. Er wurde vom Adjutanten, Hauptmann Andrew Peters, zusammengestellt.

Leichenberge

Der Waffenstillstand

Am 12. April 1945, im Anschluss an den Durchbruch der Zweiten Armee nach der Rheinüberquerung, richtete sich der militärische Befehlshaber von Bergen-Belsen (Führer der Ersten Schutzstaffel) an das 8. Corps, um einen Waffenstillstand auszuhandeln und damit eine Schlacht in der Gegend des Konzentrationslagers Belsen zu vermeiden.

Das Areal war von 800 Wehrmachtsoldaten, 1500 ungarischen Soldaten mit ihren Frauen und Familien und bestimmtem SS-Gefängnispersonal belegt. Es war bekannt, dass im Konzentrationslager etwa 45.000 bis 55.000 Häftlinge waren, von denen eine große Zahl an Typhus, typhusähnlichen Krankheiten, Tuberkulose und Gastroenteritis litten. Die Strom-

und Wasserversorgung war zusammengebrochen; es gab kein Brot und sehr wenig andere Nahrungsmittel.

Zum Lagergebiet gehörten das Konzentrationslager selbst und eine halbe Meile nördlich davon ein großes Panzerübungsgelände mit sehr geräumigen Baracken, daran anschließend ein kleines Kriegsgefangenenlager, in dem sich 800 Russen befanden, und ein Militärlazarett.

Im Interesse unserer eigenen Truppen und der Lagerinsassen und um die Ausbreitung von Seuchen zu verhindern, wurde ein Waffenstillstand unter folgenden Bedingungen gewährt: Die deutschen Militärbehörden sollten an allen Straßeneinmündungen weiße Fahnen und Schilder aufstellen, auf denen vorne »Vorsicht – Typhus« und hinten »Ende des Typhusgebietes« stehen sollte. An jedem Schild sollte ein unbewaffneter deutscher Posten stehen. Die deutschen und ungarischen Truppen sollten bewaffnet in ihren Stellungen bleiben und am linken Arm eine weiße Binde tragen. Die Ungarn würden bis auf weiteres bleiben und sollten sich auf Anforderung der Briten zu jeweils erforderlichen Arbeiten zur Verfügung stellen. Die Wehrmacht sollte innerhalb von sechs Tagen freigelassen und mit allen Waffen, Ausrüstungsgegenständen und Fahrzeugen zur deutschen Linie zurückgeschickt werden. Die SS-Wachen sollten bis um zwölf Uhr am 13. April abgezogen worden sein, alle Zurückgebliebenen würden als Kriegsgefangene betrachtet werden. Die Angehörigen des SS-Verwaltungspersonals sollten (sofern die Wehrmacht sie an der Flucht hindern konnte) auf ihrem Posten bleiben, ihren Dienst weiterhin ausüben und alle Unterlagen übergeben. Sobald auf ihre Arbeit verzichtet werden konnte, würde die Wehrmacht sie den Briten überlassen, das heißt, die Wehrmacht »verkaufte« die SS.

Die Aufgabe

Ungefähr die Hälfte der Insassen brauchte sofortige Krankenhauspflege. Alle waren seit sieben Tagen ohne Essen gewesen, wobei sie schon zuvor unter normalen Konzentrationslagerbedingungen durch mangelnde Nahrung halb verhungert waren.

Es gab ungefähr 10.000 typhusinfizierte Leichen, zumeist waren sie nackt, und viele, die innerhalb und außerhalb der Baracken im Lager herumlagen, waren schon in einem fortgeschrittenen Stadium der Verwesung. Alle mussten sofort beerdigt werden; die tägliche Todesrate betrug 4.500.

Die Lebensbedingungen waren entsetzlich – die Leute schliefen zu dritt in einem Bett, meistens in drei Stöcken übereinander. In Baracken, in denen normalerweise 60 Personen untergebracht waren, hausten 600. Es gab keinerlei sanitäre Ordnung, innerhalb und außerhalb der Baracken war der Boden fast vollständig mit Leichen, menschlichen Exkrementen, Lumpen und Fäulnis bedeckt.

Über 50.000 Personen mussten versorgt und ernährt werden, aber die Kochmöglichkeiten waren völlig unzureichend. Es gab fünf Küchenbaracken verschiedener Größe, die mit einer beschränkten Zahl von großen Dampfkesseln ausgestattet waren. Die einzigen Behälter, in denen Essen ausgeteilt wurde, waren ein paar große Mülltonnen. Eine große Zahl der Insassen war bettlägerig und viele konnten nicht alleine essen.

Die Lagerinsassen hatten jegliche Selbstachtung

Leichengrube bei Belsen

verloren und waren auf das Niveau von Tieren herabgezwungen worden. Ihre Kleidung bestand nur noch aus Lumpen und wimmelte von Läusen; sie hatten keinerlei Besteck, keine Teller und bei der Essensausgabe verhielten sie sich eher wie hungrige Wölfe als wie menschliche Wesen.

49 männliche und 26 weibliche Wachen standen unter strengem Arrest, und im Wehrmachtlazarett lagen 2000 kranke und rekonvaleszierende deutsche Soldaten.

Der Strom, der aus Celle bezogen wurde, war abgestellt, die Leitungen durch Sabotage zerstört; die Wasserversorgung, die durch Pumpen erfolgte, war daher ausgefallen.

Um die Verbreitung von Typhus und anderen Seuchen zu verhindern, war es notwendig, alle Insassen innerhalb des Lagers zu belassen, doch die ungarischen Wachen waren sehr lasch und bemühten sich kaum, die Leute am Verlassen des Lagers zu hindern.

Die Planung

In den Schulungsbaracken des Panzerübungsgeländes sollte unter der Kontrolle der RAMC ein Krankenareal eingerichtet werden, das alle Transportfähigen aufnehmen sollte. In großen Aufnahmezonen sollten sie nach Geschlecht und Nationalität aufgeteilt werden und dort auch eine ungefähr dreiwöchige Quarantänezeit verbringen können, bevor sie in ihre Heimat zurückkehrten.

Die Ausführenden

Die gesamte Administration des Lagers wurde von der 10. Garnison und später von der 102. Control Section geleitet. Zur Unterstützung standen das 113. LAA-Regiment RA mit seinen REME-Werkstätten und der 1575. Artilleriezug RASC für allgemeine Aufgaben zur Verfügung. Der medizinische Bereich wurde vom 32. CCS mit der 11. Feldambulanz betreut, später vom 9. (Br.) General Hospital und der 35. CCS, dazu kamen die 107. Fahrbare Wascheinheit und eine Reihe von kleineren RAMC- und Spezialeinheiten. Die 224., 618. und 904. Militärgerierungskommandos teilten sich zwischen dem Konzentrations- und dem Aufnahmelager auf. Außerdem gab es sechs Gruppen des britischen Roten Kreuzes und 100 Medizinstudenten, die sich freiwillig auf Londoner Krankenhäusern gemeldet hatten.

Die Vorgehensweise

Mit Hilfe der 11. Feldambulanz, des Britischen Roten Kreuzes und anderer RAMC-Spezialisten schuf die 32. CCS in den leeren Barackengebäuden einen Krankenbereich und brachte in drei Wochen 7.000 bis 8.000 Patienten dort unter. Sie organisierten außerdem eine »Menschen-Wäsche«, um alle Personen, die aus dem Konzentrationslager kamen, von Ungeziefer zu befreien und zu baden. Innerhalb von sieben Tagen nach ihrer Ankunft desinfizierten sie alle Lagerinsassen mit dem Anti-Läusepulver AL63. Die 9. Br. Gen. Hosp. übernahm das Wehrmachtlazarett, richtete sich in leeren Baracken eine eigene Krankenstation ein und unterhielt eine Entbindungsstation.

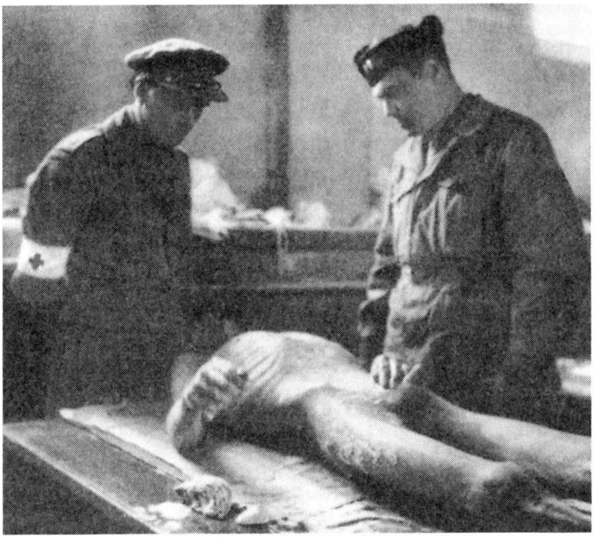

Die »Menschen-Wäsche«

Die Militärregierung siedelte innerhalb von vier Wochen jeden einzelnen kranken Menschen vom Konzentrationslager in das Aufnahmelager um, registrierte jeden, kleidete alle neu ein und schickte 15.000 Menschen auf den Weg zur Repatriierung. Sie verschaffte die notwendige Nahrung gemäß der medizinisch angeordneten Diät und requirierte in der näheren Umgebung Material und Lebensmittel für das Lager.

Die RA richtete eine spezielle Abteilung ein, die sich um die Beerdigungen kümmerte. Zwischen dem 19. und dem 26. April wurden 9.200 Tote in Gemeinschaftsgräbern bestattet, in der gesamten Zeit wurden 15.000 beerdigt – die größte Zahl betrug 1.700 am

21. April. Alle Gräber wurden geschlossen, täglich gab es Trauergottesdienste, und es wurden Tafeln aufgestellt, auf denen das Datum und die Zahl der Toten festgehalten wurden.

In den Wehrmachtsbaracken wurden große Lebensmittelvorräte entdeckt, die sofort beschlagnahmt und ins Lager gebracht wurden. Darüber hinaus wurde dem Lager ein Depot von Zelten übergeben, und die Zelte wurden aufgestellt, um die Raumnot zu lindern.

Jede Küchenbaracke stand unter der persönlichen Verantwortung eines RA-Offiziers oder eines Stabsfeldwebels. Am Anfang wurden in jeder Küchenbaracke 10.000 Mahlzeiten erstellt, in einem Fall sogar 16.000. Ein zentrales Versorgungsbüro unter der Leitung eines RA-Offiziers wurde eingerichtet, von dem aus die Verteilung der Rationen und des Geräts und, während der Evakuierung, die Neuverteilung der Köche organisiert wurde. Eine Küchenbaracke bereitete speziell für die Schwerkranken eine besondere bengalische Hungerdiät zu, das Essen wurde in die Baracken geliefert und dort von den Medizinstudenten an die ausgegeben, die nicht selber essen konnten.

Die Militärpfarrer richteten ein Auskunftsbüro ein, um sich den vielen Anfragen der Lagerinsassen zu widmen, den Menschen mit Ratschlägen und Schreibmaterial zur Seite zu stehen, die Briefe zu zensieren und zu befördern. Die RA übernahm das Gefängnis, in dem zunächst die SS-Wachen untergebracht wurden, später dann die Kriegsgefangenen der Wehrmacht, die in beiden Lagern zu Bestattungsarbeiten herangezogen wurden. RA-Personal beaufsichtigte und bewachte täglich die Arbeitseinsätze von großen Gruppen ungarischer und deutscher

Kriegsgefangener sowie von Zivilisten im ganzen Gelände, deren Hauptarbeit darin bestand, die Barackenblöcke auszuräumen, zu reinigen und sie mit Betten usw. auszustatten, damit diese Räume als Hospital oder Aufnahmeraum für die evakuierten Lagerinsassen benutzt werden konnten.

Alle Elektriker und Installateure der REME-Werkstätten wurden in einem Team organisiert; sie reparierten die elektrischen Leitungen und stellten die Wasserversorgung wieder her. Außerdem reparierten sie den Backofen in der Lagerbäckerei und andere elektrische Geräte, so dass die Bäckerei schließlich das Lager mit ausreichend Brot versorgen konnte.

Der RASC-Artilleriezug übernahm die Aufgabe, alle Transporte zu koordinieren, und zusätzlich zu ihren Regimentspflichten besorgten sie den Nachschub für alle im Lager, inklusive Verpflegung und Benzin. Sie stellten Lastwagen zur Verfügung, um aus der Umgebung Lebensmittel, Kleidung, Betten, Seife und andere benötigte Dinge herbeizuschaffen. Mit Hilfe der RA-Fleischer teilte die Versorgungsabteilung die Rationen für alle Einheiten des Lagers ein, inklusive des russischen Bataillons mit 850 Männern.

Sanitäre Anlagen, Wasseranschlüsse und Latrinen wurden unter der Aufsicht der Feldhygiene-Abteilung angelegt, und während der Bauzeit oder während der immer wieder vorkommenden Stromausfälle versorgten alle RA-Wasserfahrzeuge regelmäßig das ganze Gelände, brachten Wasser zu den Kücheneinheiten, Hütten und Baracken.

Die russischen Kriegsgefangenen wurden von der 10. Garnison zu einem Bataillon mit eigenen Offizieren zusammengefasst, mit Gewehren ausgestattet

Im Lager

und mit britischen Armee-Rationen versorgt. Sie lösten schließlich die Ungarn bei der Lagerwache ab.

Die 32. CCS und später die 9. Gen. Hospital richteten eine Entbindungsstation und eine Kinderabteilung ein. Schreiner der RA bauten für jedes Kind ein Bett, das dann mit Decken und wasserdichten Laken ausgestattet wurde. Aus den benachbarten Städten wurde Spielzeug beschlagnahmt, und für den Spielplatz wurden Schaukeln gebaut. Es sollte festgehalten werden, dass eine sehr hohe Zahl von Neugeborenen mit Geschlechtskrankheiten infiziert war.

Von der RA wurden unter der Oberhoheit von Abteilungen der 904. und 618. Mil. Gov. Aufnahmebüros eingerichtet, die bei der Zuweisung von Unterkünften, der Registrierung und Einkleidung der Evakuierten assistierten; sie waren auch für die Verwaltung der Küchenbaracken und für die Arbeitsaufsicht verantwortlich. In einem Lager stand kein Küchenhaus zur Verfügung, so dass innerhalb von fünf Tagen eine Blockhütte von RA-Arbeitskräften aufgestellt und eingerichtet wurde, von der aus dann die Versorgung von 4.000 Menschen erfolgte.

Zahlreiche Wachen wurden für die Tore, das Hauptquartier der Garnison, das Kino, das DID, das Depot und für jede Küchenbaracke abgestellt. Mobile Jeep-Patrouillen waren während der Nacht ständig unterwegs, um Plünderungen u. Ä. zu verhindern.

Zwei Einheiten der RA arbeiteten ausschließlich unter dem medizinischen Kommando, eines im Wehrmachtslazarett und eines im Krankenareal, das sie vollständig umzäunten und bewachten, um unerlaubtes Betreten oder Verlassen des Geländes zu verhindern.

Unter Aufsicht der RA wurde das Konzentrationslager niedergebrannt, Baracke für Baracke, die letzte am 21. Mai 1945.

Der Auftrag von Belsen

Belsen war ein Krankenlager. Es hatte aber nicht die geringste Ähnlichkeit mit irgendeiner Form von Krankenhaus, die Gefangenen sollten sich dort nicht erholen. In den anderen Konzentrationslagern war von den jeweiligen Kommandanten verkündet worden, wer nach Belsen kam, kehrte nicht zurück; unter den Insassen wurde ein Transport nach Belsen als letzte Reise betrachtet. Obwohl das Lager schon vor dem Krieg eingerichtet worden war, wurde niemand gefunden, der dort länger als acht bis neun Monate gelebt hatte, und die Mehrzahl war erst drei bis vier

Monate dort. Es gab keine Gaskammern wie in dem noch berüchtigteren Lager Auschwitz, wo zahlreichen Zeugen zufolge Hunderttausende in Gaskammern getötet wurden. In Belsen waren Hunger, Seuchen und physische Schwächung die tödlichen Waffen. Es schien, dass die Aufgabe des Konzentrationslagers darin bestand, ganze Teile der Bevölkerung zu eliminieren. Zwei Faktoren hielten die Deutschen davon ab, dies sofort nach der Ankunft der Gefangenen zu tun. Erstens wollten sie Geiseln in der Hand haben, um sich der guten Führung derer zu versichern, die zurückgeblieben waren. Zweitens hätte sofortiges Umbringen größeren Widerstand zur Folge gehabt. Es ist recht eindeutig, dass die Konzentrationslager nicht als Gefängnisse gedacht waren, sie dienten der Vernichtung – entweder unmittelbar oder später.

Die Gräueltaten

Im Folgenden werden einige Tatsachen aufgeführt, die von vielen Zeugen berichtet wurden.

Die tägliche Essensration betrug in den Konzentrationslagern etwa 1,5 Liter Steckrübensuppe und 200–250 Gramm Schwarzbrot.

Jeden Tag um drei Uhr wurde ein Zählappell abgehalten, der in der Regel vier bis fünf Stunden und oft noch länger dauerte. Diejenigen, die noch stehen konnten, wurden gezwungen, die Kranken und Sterbenden herauszuzerren.

Die Bürgermeister werden herumgeführt

Viele Zeugen bestätigten, dass es im Februar, März und April 1945 diverse Fälle von Kannibalismus an Leichen gegeben hat.

SS-Wachen – Männer und Frauen – schlugen und peitschten die Insassen ständig und bei den kleinsten Anlässen. In den meisten Berichten darüber erfolgte dies bei Entdeckung von kleineren Lebensmitteldiebstählen aus den Küchenbaracken oder bei zu langsamer Ausführung der befohlenen Schwerstarbeiten. Gleichfalls war es üblich, wahllos auf Gefangene zu schießen.

Neben dem Eingang zum Krematorium lag ein Haufen von Schuhen, die den Leichen vor der Verbrennung abgenommen worden waren: Er war etwa vier Meter hoch und bedeckte eine Fläche von zwölf mal sechs Metern. Es müssen Hunderttausende von Schuhen gewesen sein.

In den Totenlisten waren für den Monat März des Jahres 1945 etwa 17.000 Tote registriert, in den Monaten zuvor betrug die monatliche Todesrate 25% der Insassen.

Ein britischer Soldat der Königlichen Marine, der bei einem Angriff auf die norwegische Küste zurückgeblieben und in die Hände der Gestapo gefallen war, war auf Befehl einer SS-Wache am 28. März 1945 ermordet worden, was von vielen Zeugen bestätigt wurde.

An einer Reihe von Insassen waren medizinische Experimente oder Zwangssterilisationen durchgeführt worden.

Eine Gruppe der Untersuchungsabteilung für Kriegsverbrechen sammelte Material über die Ereignisse des letzten Monats im Lager.

Chronik der Ereignisse

13. April: Die Deutschen ersuchen das 8. Corps um Waffenstillstand.

15. April: 63. A/Tk. Regt. HQ und 1. Tp. LAA betreten das Lager.

17. April: 32. CCS und 11. Fd. Amb. treffen ein – ebenso 224. Mil. Gov. Det.
BGS 8. Corps befiehlt Gefangennahme und Entwaffnung allen SS-Personals.

18. April: 10. Garnison übernimmt Kommando im Lager.
113. LAA Regt. RA trifft ein, nachdem in 22 Stunden 238 Meilen zurückgelegt wurden.

19. April:	113. LAA Regt. löst 63. A/Tk. Regt. ab. 369. Bty. übernimmt das Aufnahmelager für Männer, das Gefängnis und Wachdienste.
20. April:	Zehn FW 190 beschießen 32. CCS im Morgengrauen mit Maschinengewehrfeuer. 1575. Art. Pl. RASC beschlagnahmt alle Vorräte für das Lager. Gemäß der Waffenstillstandsvereinbarungen werden 800 Gefangene der Wehrmacht zu den Deutschen Linien eskortiert.
21. April:	368. Bty. übernimmt die Waffenkammer, das Aufnahmelager für Frauen, das Militärlazarett und die Arbeit im Krankenbereich. 113. RHQ- und REME- Werkstätten werden in Baracken eingerichtet.
23. April:	Sechs Abteilungen des Britischen Roten Kreuzes treffen ein.
29. April:	102. Control Section löst 10. Garnison ab. Alle SS-Gefangenen werden ins Gefängnis von Celle gebracht.
30. April:	Per Lufttransport treffen 100 Medizinstudenten, Freiwillige aus dem Vereinigten Königreich, ein.
4. Mai:	9. Br. Gen. Hosp. trifft ein. Aus dem Militärlazarett werden alle Wehrmachtspatienten evakuiert.
5. Mai:	An der Front der 21. Armee werden alle Kampfhandlungen eingestellt. Das russische Bataillon löst die ungarischen Wachen ab.

8. Mai:	VE-Tag (Victory in Europe: Sieg in Europa) – Parade und Siegessalven aus Gewehren.
14. Mai:	In den ehemaligen Wohnquartieren der Offiziere wird ein neues Aufnahmelager eröffnet. Das erste Aufnahmelager wird evakuiert und vom 9. Br. Gen. Hosp. als neue Krankenstation übernommen.
15. Mai:	Russisches Bataillon zieht in die Heimat ab.
21. Mai:	Die letzte Baracke des Konzentrationslagers wird niedergebrannt.

Anmerkung des Verlages

Die Dokumentation »Die Befreiung von Bergen-Belsen« entstand im Jahr der Befreiung des Lagers, 1945. Während das ganze Grauen und die Tatsache, dass die Lagerinsassen in den Monaten vor der Befreiung vorsätzlich dem Tod preisgegeben worden waren, den britischen Truppen sofort sichtbar waren, wurde die besondere Stellung des Lagers Bergen-Belsen im System der von den Nationalsozialisten errichteten Konzentrationslager erst später durch historische Forschungsarbeiten bekannt.

So war Bergen-Belsen nicht als »Krankenlager« geplant, wie es in der voranstehenden Dokumentation mit den gebotenen Einschränkungen heißt, sondern von der SS im Jahr 1943 als so genanntes »Aufenthaltslager« für einige tausend Juden eingerichtet worden, die man eventuell gegen internierte Deutsche, Kriegsgefangene oder auch gegen hohe Geldsummen austauschen wollte. Ab März 1944 wurden allerdings zusätzlich arbeitsunfähig gewordene Häftlinge verschiedener anderer Konzentrationslager in einem abgesonderten Teil dieses »Aufenthaltslagers« untergebracht und dort dem Tod überlassen, zynisch »Erholungslager« oder eben auch »Krankenlager« genannt.

Seit Oktober 1944 erfolgten dann zahlreiche Häftlingstransporte aus frontnahen Konzentrationslagern nach Bergen-Belsen und die Zahl der Insassen nahm bis April 1945 um mehr als das Dreifache auf 60.000 Gefangene zu. Die unerträgliche Überfüllung des Lagers, der Hunger und die Seuchen führten schließlich in den letzten Monaten vor der Befreiung in das Inferno, das die britischen Truppen vorfanden.

An dieser Stelle sei auf die Veröffentlichungen der Gedenkstätte Bergen-Belsen (www.bergenbelsen.de) verwiesen und ebenso auf die umfassende Darstellung von Alexandra-Eileen Wenck »Zwischen Menschenhandel und ›Endlösung‹: Das Konzentrationslager Bergen-Belsen«, erschienen im Schöningh Verlag.